TABLEAU DU NOUVEAU PALAIS-ROYAL.

SECONDE PARTIE.

TABLEAU
DU NOUVEAU
PALAIS-ROYAL.

SECONDE PARTIE.

Ludere, non lædere.

A LONDRES;

Et se trouve A PARIS,

Chez MARADAN, Libraire, rue des Noyers, N°. 33.

M. DCC. LXXXVIII.

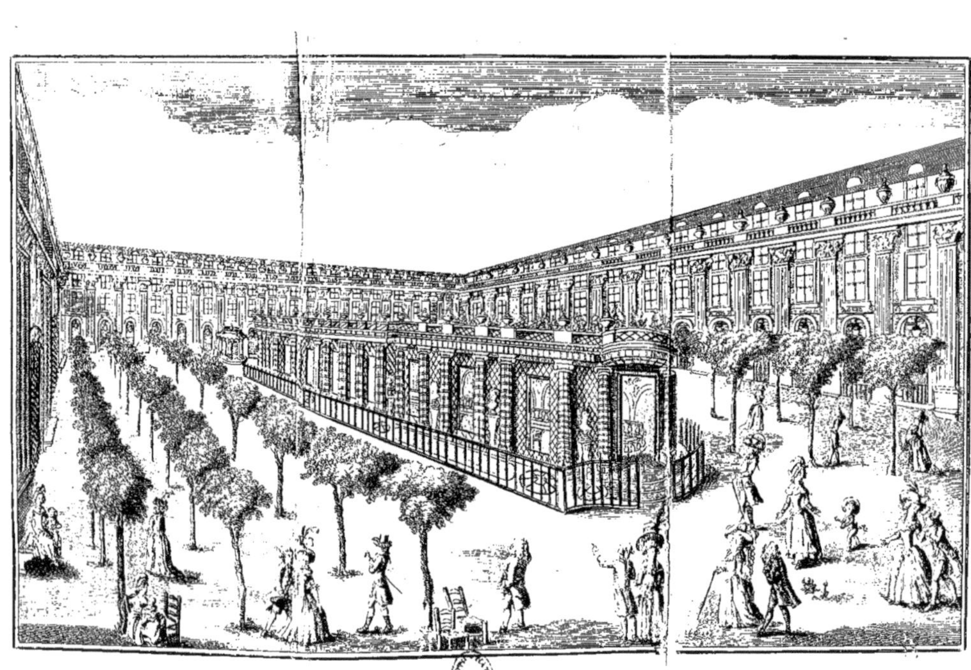

Vue du Nouveau Palais Royal

TABLEAU DU PALAIS-ROYAL.

CHAPITRE XXXV.

Inutilités, Futilités.

J'ENTRE dans une boutique dont les murailles ſont revêtues en petits carreaux de faïance, à la manière Hollandoiſe : je demande ce que l'on fait-là, on me dit que ce ſont des gauffres ; & que celui qui a établi ce petit genre de commerce, a fait fortune, lorſqu'un autre qui s'étoit inſtallé de l'autre côté des galeries n'avoit jamais pu réuſſir. Qui pourroit s'imaginer que cette friandiſe ait pu attirer le Public ? Les élégantes y conduiſent leurs ſoupirans, les femmes de chambre les enfans ; on y boit du cidre fort cher, ainſi que de la bière, qui n'a d'autre mérite que d'être en bouteille.

Sous les promenoirs en bois, je trouve une très-aimable marchande qui a meublé ſa boutique de boudins & ſauciſſons de Boulogne : la belle Lyonnoiſe a une manière engageante qui perſuade aiſément, & de ſa main, l'on eſt sûr d'avoir de la bonne marchandiſe. N'eſt-il pas préférable de trouver au Palais-Royal tout ce qui eſt néceſſaire pour un bon déjeûner, que d'y trouver un Apothicaire, qui pourroit donner quelques secours à ceux qui se trouveroient mal sous les galeries ou dans le jardin? Oh! sans contredit les saucissons sont bien plus utiles!

Quels beaux fruits! que de productions rares dans la boutique occupée par le fameux Fruitier-Oranger! Cela fait plaisir à voir! & des liqueurs, & des ananas! &c. &c. Mais comme tout cela est cher! Pourquoi voulez-vous avoir des fruits dans la saison rigoureuse? Et puis cela vient du Palais-Royal! Etoit-ce là la place d'un fruitier?

CHAPITRE XXXVI.

Les Cannes.

ON ne peut comprendre à quel point *la folie des cannes* a été poussée depuis quelques années, & combien elles ont varié. Cannes de joncs, cannes d'épine, cannes avec un dard dans la poignée, cannes creuses renfermant une épée; badines de jonc, de baleine, d'acier, de vigne, & autres actuellement en vogue, nommées Bambous.

Tous les marchands de cannes établis au Palais-Royal y font assez bien leurs affaires, en raison de l'inconstance & de la mode.

Rangez-vous promptement, j'apperçois un élégant qui joue avec une badine d'acier dont la pomme eſt un marteau tranchant d'un côté. Prenez bien garde de le coudoyer, ce jeune inſenſé pourroit d'un ſeul coup vous fendre la tête.

Rien n'eſt plus indécent & malhonnête que les cannes d'épines : indépendamment de ce qu'elles ſont dangereuſes dans une diſpute, elles ſont également déſagréables à la promenade, au ſpectacle, & dans toutes les aſſemblées publiques ; elles déchirent & emportent les bas, les jupons, & nuiſent à celui-là même qui la porte.

La canne de jonc eſt la plus honnête, & l'on devroit s'en tenir à celle-là, d'abord, par ſa beauté, enſuite par ſon utilité & ſa durée. Toute autre devroit être proſcrite comme nuiſible & dangereuſe à la ſociété.

Les petits joujoux que l'on appelle badines, les bambous, &c. suffiront à la vente du marchand.

Les épées dans les cannes, ainsi que les dards dans les poignées ne sont pas permis, me dira-t-on ; on punira sévèrement celui qui sera surpris se défendant avec le fer contre un homme désarmé, ou celui qui poignardera de sang froid l'homme qui ne s'y attendroit pas. Ne vaudroit-il pas mieux que l'on défendît de porter ces armes cachées avant que l'accident arrivât, plutôt que de punir celui qui se rendra coupable d'un meurtre ou d'un assassinat ?

Les femmes pendant un temps ont eu la folie des cannes : elles sont revenues de cette idée, & ont fort bien fait ; elles avoient un air ridicule avec de longues cannes à la main; l'éventail & le manchon leur conviennent beaucoup mieux.

CHAPITRE XXXVII.

Entrepôt de Vins.

AUTREFOIS l'on se contentoit d'une bouteille de vin d'Orléans, de Bourgogne, de Chably & de Champagne. On n'armoit pas des vaisseaux pour aller chercher à gros frais des vins de Chypre, de Madère, de Malaga, &c. Maintenant ce n'est plus cela; on est mal vu dans la haute société si l'on ne boit que du vin ordinaire. La table d'un grand seigneur est chargée de toute espèce de vins étrangers; & dût-il se ruiner par cette dépenſe folle & inutile ; il faut néceſſairement que ſa cave en ſoit garnie ; ſans cela, point de conſidération.

Près le paſſage du Perron, on trouve un fameux entrepôt de vins, & notamment de vins de Bordeaux à différens prix & qualités. Il eſt du bon ton, parmi les petits-maîtres à prétention, de ne boire que du vin de Bordeaux dans le courant de leur repas ; les joueurs, ſelon la fortune du jour, ſe procurent ce plaiſir ; & les comédiens bien appointés s'en ſont une habitude.

J'ai vu un homme refuſer un dîné chez une dame, parce qu'il s'étoit informé à la domeſtique ſi ſa maîtreſſe avoit du vin de Bordeaux pour lui ; la ſervante lui ayant dit qu'elle n'en ſavoit rien, mon homme disparut sans mot dire, & devint l'objet de la risée de tous les convives. Peut-on voir quelque chose de plus leste & de moins honnête ?

CHAPITRE XXXVIII.

Qu'on lira si l'on veut.

DEPUIS l'invention des globes aérostatiques de taffetas enduit de gomme élastique, il s'est établi dans les nouveaux bâtimens, du côté du marchand de gauffres, un certain particulier, qui a imaginé de faire des redingottes de taffetas gommés pour préserver de la pluie (1). On

(1) On prétend que bien avant les globes, ces enduits étoient imaginés.

en trouve chez lui de toute grandeur & de toute couleur. Cela peut avoir ſon utilité, parce que ce n'eſt ni lourd, ni embarraſſant, & que ces redingottes peuvent ſe mettre aiſément dans la poche. Rien n'eſt ſi plaiſant cependant que de voir un homme couvert d'une de ces redingottes tranſparentes & luiſantes. Cette invention ne paroît pas avoir fait fortune, car on rencontre bien peu de perſonnes vêtues de cette manière; peut-être eſt-ce dans la crainte de paroître ridicule, parce que cette mode n'a pas eu de ſuccès apparens.

Sous la même galerie, on trouve une couturière qui tient chez elle un magaſin de redingottes de femmes, tant en étoffe qu'en drap, à-peu-près comme les fripiers tiennent des garde-robes d'hommes. C'eſt-là où *les filles* vont faire emplette de vêtemens pour paſſer la rigoureuſe ſaiſon. L'été, la marchande de modes l'emporte ſur la couturière, à moins que ce ne ſoit des pratiques affidées. Cette boutique a la vogue pour les femmes qui n'ont pas les moyens de faire venir une couturière à la maiſon où elles logent. Ce qu'il y a de certain, c'eſt qu'une femme qui ne veut pas être remarquée, ne va pas marchander un vêtement dans cette boutique. On m'aſſura qu'on y étoit ſupérieurement ſervi & promptement, & que les ouvrières étoient adroites, complaiſantes, & plus élégantes que les couturières ne le ſont ordinairement.

Au N°. 148, on trouve un bureau de débit de tabac dans une petite boutique qui n'a rien de remarquable : elle eſt bien achalandée, vu ſa ſituation avantageuſe au centre de cette galerie. Le loyer de cette petite boutique eſt fort cher ; on m'a aſſuré qu'il excédoit la ſomme de trois cents livres. Il faut beaucoup vendre de tabac pour faire fortune, malgré le grand nombre de perſonnes qui en font uſage.

Il eût certainement manqué quelque choſe d'eſſentiel au Palais-Royal, qui eſt le rendez-vous de la beauté & de la folie, s'il ne s'y étoit pas établi pluſieurs boutiques de parfums. Quelle odeur agréable ! Combien la volupté gagne, lorſque l'amour a parſemé de fleurs le trône des plaiſirs ! Un grand Roi, cependant, qui étoit adorateur des belles, diſoit avec ſa franchiſe ordinaire : « *J'aime que*

» *chaque chose sente ce qu'elle doit* » *sentir* ». Soyons justes, & disons que la propreté, plutôt que la coquetterie, devroit être la base de l'état de parfumeur. Mais que d'abus! que de folies! que de sottises entassées les unes sur les autres! Un Abbé, dont l'extérieur devroit annoncer la modestie & la décence, peut-il entrer chez une femme entretenue sans qu'on s'en apperçoive? Ne faut-il pas que dès l'antichambre le musc & l'ambre dont il est imbu ne préviennent de son arrivée? L'actrice de l'opéra peut-elle se passer d'essence de rose? Ne faut-il pas, en tirant son mouchoir, répandre autour de soi une odeur de jasmin ou de violette? Le moindre acteur de chez Nicolet peut-il se présenter s'il n'a de la poudre blonde, purgée à l'esprit de vin?

Il eſt incroyable combien ces dépenſes ſuperflues ſont diſpendieuſes; mais enfin la mode l'emporte, & l'on ſera toujours parfumé en dépit du bon ſens. L'odeur la plus agréable mélangée avec la ſueur, devient inſupportable. Je ne blâme pas ici tout ce qui tient à la propreté, comme l'eau de lavande, &c.; mais à quoi bon ces eſſences pour conſerver le teint des belles, ces pommades pour les rides, pour les lèvres? Voyez la jeune payſanne qui deſcend du haut de la coline, & qui vient à la fontaine puiſer les lis & les roſes qui parent ſon teint. A-t-elle recours au parfumeur? Elle eſt fraîche, propre, & ſera longtemps jeune. De quoi ſe mêle-t-il, ce provincial, dira la coquette ſurannée?— Moi, Madame, lui répondrai-je, je ne me mêle de rien; c'eſt une petite réflexion que je faiſois ſans conſéquence. Mettez du blanc, du rouge; baignez-vous dans l'eau de jaſmin ou de roſe, empruntez un maſque pour que je ne vous reconnoiſſe pas; cela m'eſt tout à fait égal. Mais permettez-moi de vous dire que vous avez tort, à ce que je crois; au reſte, continuez, c'eſt à merveille comme cela.

Les parfumeuſes établies ſous les galeries ſont très-aimables; diſpenſatrices des dons de Flore, elles ont le talent d'enchaîner les plaiſirs; ſi l'amour eſt pour quelque choſe dans ce commerce, l'intérêt eſt en ſociété avec lui & la volupté.

On a vu au Palais-Royal un muſicien, attaché à un ſpectacle, dont les appointemens étoient médiocres, on l'a vu, dis-je, ſe priver des premiers beſoins pour ſatisfaire à la ſotte envie d'avoir ſur lui des parfums, & y employer tous ſes honoraires. Quelle extravagance!

CHAPITRE XXXIX.

Opticiens-Physiciens.

A L'EXTRÉMITÉ des galeries du côté du Palais à droite, on trouve une boutique très-bien assortie en baromètres, thermometres, lunettes, lorgnettes, peintures sur verre & autres objets de cette nature. Le propriétaire de toutes ces marchandises a imaginé d'introduire du phosphore lumineux dans de petites bouteilles enfermées dans une boëte de fer-blanc; il a donné à son phosphore ainsi renfermé le nom de briquets physiques. Il est certain que rien n'est plus aisé que de se procurer de la lumière, en introduisant dans la petite bouteille une allumette bien souffrée avec laquelle on irrite le phosphore qui s'enflamme aussi-tôt qu'il a pris l'air.

Ce physicien marchand a beaucoup vendu de ces boëtes, & la curiosité lui attire tous les jours de nouvelles pratiques. Il y a cependant un danger évident à faire usage de ces petites bouteilles. Si l'on ne ferme promptement la boëte qui renferme la fiole, le phosphore une fois enflammé répand une odeur désagréable & qui suffoque, & la bouteille peut même éclater & porter dans la chambre des parcelles enflammées qui peuvent occasionner un incendie. Ce que j'avance arriva dernièrement à un jeune homme qui en rentrant chez lui un peu échauffé par les liqueurs qu'il avoit bues, oublia de mettre le bouchon à la petite bouteille, & de refermer la boîte de fer-blanc; il ſe trouva ſuffoqué par la vapeur phoſphorique & ſulfureuſe, & tomba ſans connoiſſance dans ſa chambre; & il y feroit mort infailliblement, ſi le bruit qu'il fit en tombant n'eût attiré des voiſins, qui, après avoir ouvert ſa porte, eurent beaucoup de peine à ſoutenir l'odeur qu'exhaloit le phoſphore, & furent obligés d'ouvrir les fenêtres pour reſpirer un air plus pur, & laiſſer évaporer l'autre.

Un homme tranquille peut trouver les briquets phyſiques plus commodes; mais en général on ne doit pas s'en ſervir. J'y ai été attrapé; je me ſuis brûlé les doigts; & quoi qu'en diſent les amateurs des boîtes de phoſphore, j'aime mieux mon amadou, ma pierre à fuſil, & me frapper un peu avec mon briquet d'acier, que de riſquer à me brûler ou à m'empeſter.

Cela n'empêche pas de vendre des briquets de l'invention du ſieur Caſtanio ; la nouveauté & la mode ſont les garans de ſa fortune.

Entr'autres boutiques établies ſous les galeries, la plus brillante & la mieux fournie eſt celle qui eſt ſur la même ligne du café du Caveau. On trouve chez cet Opticien tous les objets & uſtenſiles néceſſaires, téleſcopes, lunettes, lorgnettes & inſtrumens de mathématiques, ainſi que chez un autre marchand près de l'hôtel du Parc S. James.

Quoique l'on ait la vue très-bonne, il eſt du bon ton, parmi les petits-maîtres & les étourdis, d'affecter de l'avoir très-foible ; en conséquence, vous en voyez très-peu qui ne soient munis d'une lorgnette, avec laquelle ils fixent les femmes d'une manière indécente, soit à la promenade ou au spectacle. Le jeune robin, la tête entre les deux épaules, seroit au désespoir de ne pas avoir une lorgnette ; il s'imagine que cela le fera remarquer, & le fat ne s'apperçoit pas qu'on lui rit au nez. Les clercs de Procureur ne vont jamais au spectacle sans lorgnettes, & on les voit la promener avec impertinence de loge en loge, ce qui, à mon avis, n'est pas fort agréable pour les Dames. La fureur des lorgnettes existe encore, mais il faut espérer qu'une folie d'un autre genre aura bientôt remplacé celle-là.

CHAPITRE XL.

Les Bains publics.

L'ENDROIT où ces bains ſont établis au Palais-Royal, porte le titre d'hôtel des Bains de S. A. S. Mgr. le Duc d'Orléans ; cet hôtel comprend huit arcades qui ont vue ſur le jardin, & a ſon entrée principale par la rue de Valois. Munis de l'approbation de la Société-Royale de Médecine, ces bains ont été conſtruits avec tous les ſoins qui pouvoient les rendre utiles. Au rez-de-chauſſée, à l'entreſol on trouve de jolis cabinets proprement meublés, & garnis de baignoires. Bains froids, bains chauds, ſimples ou compoſés, douches montantes & deſcendantes, froides ou chaudes ; bains de vapeurs, fumigations, &c. On administre ces bains avec de l'eau des fontaines épuratoires, conſtruites ſur les bords de la Seine.

Malgré tous les ſoins & les attentions des entrepreneurs, ces bains n'ont pas pris faveur. La curioſité y a d'abord attiré du monde, mais on les a eu bientôt abandonnés. Cet établiſſement ne pouvoit pas durer long-temps ; on préfère prendre les bains dans un endroit iſolé, & cela eſt aſſez naturel, plutôt que dans un endroit tumultueux où l'eſprit eſt toujours inquiet, ce qui eſt toujours nuiſible à la ſanté.

Je n'eus pas le plaiſir de voir ces bains, parce que le jour où l'on m'y conduiſit, ils n'exiſtoient déja plus. J'écris la remarque telle qu'on me la fit.

CHAPITRE XLI.

Bureau de Loteries.

ARRÊTONS un moment, me dit mon conducteur, je veux prendre un billet de la loterie-royale de France ; j'ai rêvé le 18, & je veux avoir ce numéro là... Il entre, malgré la foule qui étoit tant dans le bureau qu'à la porte, & revient un petit moment après avec un billet de vingt-quatre ſous. — Combien gagnerez-vous, lui dis-je, ſi votre numéro 18 vient à ſortir ?— Trente-ſix ſous, me répondit-il. — Ce n'eſt pas la peine de mettre à la loterie vingt-quatre ſous pour en gagner trente-ſix en ſus. — Voilà où je vous attendois ;

attendois ; je ſuis charmé de votre réflexion. Vous n'êtes ici que pour vous inſtruire ; écoutez-moi. De tous les fléaux qui affligent l'humanité, les loteries ſont un des plus dangereux, & ſur-tout la loterie-royale de France.

Tous les vices n'ont jamais produit tant de maux que cette loterie-royale. L'idée de fixer ſoi-même le bonheur ; la confiance que l'on a de le déterminer, ruine preſque tous les actionnaires. Combien de gens en place ont abuſé du dépôt qu'on leur avoit confié, & ont fini par ſe brûler la cervelle, ou ſe noyer à l'aſpect des fatals cinq numéros ! Tenez, voyez la deſcription qu'en a fait un écrivain philoſophe, & ami de l'humanité. — Mon ami tira de ſa poche un volume, dans lequel je lus :

« Les ſuites funeſtes de cette cruelle
» loterie ſont incalculables. L'illu-
» ſion fait porter aux cent douze
» bureaux établis dans Paris, l'ar-
» gent réſervé à des devoirs eſſen-
» tiels. Les domeſtiques, excités
» par un appât dangereux, trompent
» & volent leurs maîtres. Les parens,
» aveuglés par leur tendreſſe, croient
» doubler leur fortune, & la per-
» dent entièrement..... Pluſieurs
» maiſons ſont tombées par ce jeu
» ruineux. Une certaine ivreſſe s'em-
» pare des infortunés, & ils perdent
» le dernier ſoutien de leur vie dé-
» faillante. On eſt pleinement inſ-
» truit de ces ſcènes déſaſtreuſes
» & preſque journalières ; & mal-
» gré toute l'évidence du danger &
» la force du ſentiment, qui fait
» voir cette loterie comme vexatoire,

» on en laisse subsister les funestes » opérations. . . . .

. . . .

» La crainte & l'espérance rendent » le peuple superstitieux & hébêté; » il passe sa vie à combiner des » numéros, & ne sachant pas même » calculer, il reste dans la plus » grossière illusion ». *Voyez le Tableau de Paris*, *Chap.* 272.

Le bureau qui est établi sous les galeries de pierre du côté de la rue de Valois, est très-achalandé. Sa situation est avantageuse. On auroit pu se dispenser de placer un bureau de loterie qui, par l'affluence du monde qui va chercher des billets ou faire des mises, ne présente qu'un affreux tableau de la misère publique, dans un endroit depuis si long-temps consacré au plaisir. Il suffisoit de trouver en ſortant du côté du Château un bureau inſtallé dans un petit pavillon en pierre, en face de celui du ſuiſſe.

Qu'eſt-il donc arrivé? Qu'eſt-ce que tout ce monde qui court? — C'eſt que la loterie eſt tirée. Les ouvriers courent pour regagner leurs boutiques, les domeſtiques pour retrouver leurs maîtres. Chacun enfin retourne à ſes affaires. Quel bourdonnement! quel tumulte! que de figures différemment affectées! celui-ci, pâle & défiguré, a l'air d'entretenir le déſeſpoir qui le ronge. Celui-là, d'un ton riant, s'applaudit d'avoir gagné 46 liv. 10 ſous, & un inſtant après jure contre le ſort de ce qu'il n'a pas eu un terne.... Il ne réfléchit pas qu'il eût mieux valu qu'il perdit, que d'avoir gagné. Les malheureux 46 liv, 10 ſous feront cauſe de ſa perte. A coup ſûr le tirage ſuivant il mettra le double à la loterie, & confiant ſur le bonheur qu'il croit avoir fixé, il ne travaillera point pendant quinze jours. L'inſtant fatal arrivera, & le déſeſpoir naîtra dans ſon cœur.

Ceux qui aiment la promenade du Palais-Royal doivent éviter d'y venir les jours du tirage, s'ils ont le cœur ſenſible.

Malgré tout cela, tant que l'extrait, l'ambe, le terne, le quaterne & le quine auront lieu, on mettra à la loterie-royale de France pour tâcher d'attraper un extrait, un ambe, un terne, un quaterne & un quine. La ſoif de l'or eſt la maladie du jour.

CHAPITRE XLII.

Papiers - tapisseries.

Il étoit indispensable de trouver au Palais-Royal de quoi couvrir les murailles des nouveaux bâtimens. Aussi deux ou trois marchands de papier sont-ils venus s'y établir : celui du côté de la rue de Valois est le premier qui s'y soit installé, & il y a beaucoup gagné. Depuis que l'on a imaginé de revêtir les murs en papier, il est étonnant de voir à quel point on a perfectionné ce travail ! les étoffes les plus précieuses, les arabesques les plus délicatement dessinés, les indiennes, les perses, les siamoises, les velours d'Utrecht, sont imités à tromper l'œil le plus pénétrant. Le meilleur marché & la mode ont fait donner la préférence à ces papiers qui, quoi qu'en disent les amateurs, n'ont pas le mérite de nos tapisseries anciennes. A la vérité, ces papiers sont plus agréables à la vue, & répandent plus de gaieté dans les appartemens, mais cela a l'air moins meublant que la tapisserie. D'ailleurs l'humidité des murs & le phlogistique que les plâtres neufs & la chaux réunis exhalent, ne sont point arrêtés par le simple papier qui bientôt en est imbu; lorsque la tapisserie au contraire, qui n'est point précisément collée contre le mur, interrompt le cours de ces vapeurs.

Rien n'est plus dangereux que les plâtres neufs; & comment peut-on se garantir des exhalaisons du phlogiſtique qui cherche à ſe réunir à l'acide de l'air, avec un ſimple papier? De-là, les paralyſies, les rhumatiſmes & autres maladies dangereuſes dont on ignore la véritable cauſe, & qui viennent de l'air que l'on reſpire dans les logemens nouvellement conſtruits.

Les jolis papiers ne devroient être employés comme tapiſſeries que dans les appartemens d'été, dans les pavillons à la campagne, ou dans les maiſons conſtruites depuis long-temps; ſans cela on court des dangers évidens.

L'invention de ces papiers a fait beaucoup de tort aux tapiſſiers, qui ne tirent plus de tapiſſeries de leur boutique, ſi ce n'eſt le jour de la Fête-Dieu.

Les rouleaux de ces papiers contiennent ſept ou neuf aunes, & les prix ſont en raiſon de leurs qualités différentes.

On peut ſans une ſeule tringle de bois, décorer quatre murailles d'un papier velouté, encadré de baguettes, avec un lambris à hauteur d'appui : on trouve dans le magaſin tous ces articles ſéparément & en rouleaux, ainſi que des deſſus de portes peints à l'effet, & repréſentans des trophées, des vaſes, des corbeilles de fleurs, & différens bas-reliefs.

CHAPITRE XLIII.

Evénemens.

1784. DANS les commencemens de l'établiſſement des reſtaurateurs au Palais-Royal, il arriva une ſingulière aventure. Un jeune Abbé, ſage, honnête, avoit une demoiſelle de qualité pour écolière; il en devint éperdument amoureux. Il combattit long-temps mais en vain. Cette paſſion ſe changea en déſeſpoir, & ne voulant ni manquer à ſes devoirs, ni offenſer celle qu'il aimoit, il entra chez un reſtaurateur, ſe fit donner à dîner, reſta le dernier, demanda une plume, de l'encre, du papier, & écrivit tranquillement ce que je viens de raconter : ensuite se brûla la cervelle d'un coup de pistolet.

1787. Le 14 Novembre 1787, — on donnoit au spectacle de Beaujolois une comédie intitulée le nouvel Œdipe. Cette pièce exige au second acte un coup de pistolet qu'un Jockei doit lâcher à un garde qui veut l'intimider. Un jeune acteur, le sieur Morel, âgé d'environ 12 à 13 ans, étoit chargé de ce rôle de Jockei : en voulant tirer de sa poche le pistolet à l'instant où il doit s'en servir, la batterie s'accrocha à la doublure de la poche de sa veste, le coup partit & lui emporta le pouce gauche : les spectateurs, émus à la vue de cet enfant blessé, s'empressèrent de lui procurer des secours ; la demoiselle Louvain fut chargée de recevoir pour son petit camarade les bienfaits du

Public, & en moins de demi-heure la somme reçue se monta à plus de six cents livres. Les Directeurs annoncèrent une représentation pour le samedi suivant au bénéfice de l'enfant blessé ; le produit de cette représentation se monta à près de cent louis. L'enfant actuellement est parfaitement rétabli, mais il a perdu le pouce.

D'après cet événement, tous les Directeurs de spectacle ne devroient jamais recevoir de pièces où les Auteurs auroient mis une scène qui exigeroit des armes à feu. Il est inutile d'effrayer le Public, & c'est à tort que l'on s'imagine produire un bel effet par ces combats qui se passent sur la scène, indépendamment du danger évident que courent les acteurs dans un petit espace.

Quelques précautions que l'on puisse prendre, quelques soins que l'on ait des armes à feu, rien n'est plus possible que de les voir crever. Combien de personnes ont éprouvé ces accidens! Laissons les fusils pour la chasse, & les pistolets pour aller en route; ils ne sont utiles que là, ou à la guerre. Mais au spectacle, il faudroit les proscrire sur la scène, & sur-tout n'en laisser jamais entre les mains d'un enfant.

Si le jeune blessé l'eût été en jouant avec ses camarades, soit dans la rue ou à la promenade, le Public eût dit, tant pis pour lui, c'est un petit polisson; & il n'eût point eu de secours, si ce n'eût été de la part de ses Directeurs.

L'Auteur de la pièce dans laquelle jouoit le sieur Morel, lorsqu'il a été blessé, lui a assuré soixante livres de rente. Il y a encore de bonnes gens, comme vous voyez.

CHAPITRE XLIV.

Les Promenoirs en bois.

EN attendant la construction du Palais auquel doivent se réunir les deux corps de bâtimens formant les galeries, le Prince accorda la permission à un particulier de faire élever à ses frais des promenoirs provisoires en bois, & qui communiquent d'une aîle des bâtimens à l'autre. La décoration de ces promenoirs est très-simple; ce sont des portiques ornés de draperies feintes. L'immensité de ces portiques produit un effet perſpectif très-agréable à la vue. Ces promenoirs forment deux allées. Les différens marchands de toute eſpèce qui ſont venus s'y établir, forment de ces deux allées une foire riante & continuelle.

L'Entrepreneur de ces boutiques les loue fort cher, & l'on doute ſi les marchands y débitent beaucoup. En général ces boutiques ſont très-incommodes pour le marchand, d'abord en ce qu'elles ſont mal couvertes, & que très-ſouvent on a vu dans de fortes pluies, les marchands obligés d'enlever leurs marchandiſes qui étoient inondées; en ſecond lieu, parce que chacune de ces boutiques n'étant ſéparée que par un vitrage, aucun marchand n'eſt libre dans la ſienne; auſſi pour la plupart ont-ils maſqué ces vitrages pour ne pas être vus.

Qu'importe à ceux qui s'y promènent que les marchands ſoient bien ou mal ? on ne va pas là ſouvent pour acheter. Ces promenoirs ſont occupés par des fripiers, des libraires, par des marchands de jouets d'enfans, des papetiers, marchands de porte-feuilles, la marchande de ſauciſſons, l'eſcamoteur; pluſieurs petits ſpectacles forains, comme la belle Zulima, Judith tranchant la tête d'Holopherne, des faïanciers, des lingères, le fruitier, des marchandes de modes, le pompier, &c.

Dans l'hiver, cette promenade eſt on ne peut pas plus agréable le ſoir. Elle eſt brillante par la clarté des lumières qui ſont dans les boutiques, indépendamment des réverbères qui ſont attachés au plafond. Cette eſpèce de foire, fermée de toutes parts, eſt très-fréquentée dans la rigoureuſe ſaiſon, & cela parce qu'il y fait réellement chaud.

Les perſonnes qui compoſent cette promenade ſont le plus communément les jeunes fous & les filles; rarement on y voit l'homme raiſonnable, à moins qu'il ne ſoit obſervateur ou étranger curieux. On ſe heurte, on ſe pouſſe; à peine peut-on ſe dire deux mots de ſuite. Le commerce qui va le mieux eſt celui des courtiſannes; & pendant la promenade, les boutiques ne ſont pas beaucoup fréquentées. Le financier, au col apoplectique, va chercher à cette promenade celle qui lui conviendra; le petit-maître, celle qu'il ruinera; l'étranger, celle qui lui plaira, & la fille, tous ceux qu'elle attrapera. Il eſt très-rare de trouver une femme honnête & une honnête fille à cette promenade, ſi ce n'eſt à l'inſtant où le ſpectacle des Variétés finit : alors la foule eſt incroyable ; les laquais & les jeunes gens forment une double haie depuis la porte de ſortie du ſpectacle, ouverte à l'extrémité de ces promenoirs, juſques au milieu. Toutes les perſonnes qui ſortent du ſpectacle paſſent ſous ces promenoirs ; les unes pour aller retrouver leurs voitures ; les autres pour éviter les embarras multipliés à la porte d'entrée du ſpectacle qui donne ſur la rue. Il eſt cependant bien déſagréable de paſſer en revue devant des gens malhonnêtes, qui lâchent des propos indécens, & qui ont l'air de s'en applaudir en riant à gorge déployée; en supposant tout cela un badinage, il est bien déplacé. Le vice & la dépravation des mœurs sont poussés à un tel point, que la vertu timide n'ose se montrer, ou bien on la tourne en ridicule. Il n'est presque plus possible que l'imagination la plus hardie, la plus effrénée ajoute à la corruption actuelle. La licence, dans le premier comme dans le dernier rang des citoyens, n'a presque plus de progrès à faire.

Les libertins se donnant le bras deux à deux, rient & folâtrent avec les prostituées qu'ils rencontrent. De-là naissent souvent des querelles qui pourroient avoir des suites funestes, parce que souvent ces mirtiflores se trompent, & insultent des personnes honnêtes. L'aventure que je vais raconter, prouvera ce que j'avance.

Un homme décoré attendoit une personne à la sortie du spectacle. Cette personne arrive : il veut lui donner le bras, & sortir promptement de la foule, pour enfiler la galerie du côté des figures de Curtius. Plusieurs étourdis, qui suivoient une fille, obstruoient le passage, qui, à la vérité, se trouve étroit dans cette encoignure. L'homme honnête demanda la permission de passer : au lieu de lui répondre, on lui rit au nez, on le ballotta, on le poussa rudement en insultant encore la personne qu'il conduisoit. La colère lui fit lever la canne sur le jeune étourdi : alors grande rumeur ; un des suisses, soldats payés pour maintenir le bon ordre, accourt ; il est enveloppé par une foule inconcevable : un autre suisse arrive, tire son sabre, croyant en imposer davantage à cette jeunesse effervescente ; il est entouré de même, & tous deux sont serrés de si près, qu'ils ne peuvent faire le moindre mouvement. Les cannes, les épées nues étoient les armes dont on les menacoit, & tout en les accablant de bourrades & d'injures, on les força de se réfugier dans l'escalier du passage à côté du sieur Poïxmenu bijoutier. L'homme décoré profita de cette rumeur pour sortir avec la personne qu'il craignoit de compromettre, ou de faire blesser. On fut obligé d'aller chercher au corps-de-garde de la garde de Paris un détachement pour délivrer les deux suisses qui étoient assiégés par l'innombrable cohue. A l'approche de la garde, le passage fut libre, les deux suisses sortirent en jurant, étant accompagnés des détachemens qui les conduisit au corps de garde des suisses.

Il arriva, un autre jour, une scène plus plaisante, mais qui répandit l'alarme dans le Palais-Royal. L'amoureux d'une de ces élégantes promeneuses, ayant rencontré sa belle donnant le bras à un jeune homme, le pria de s'éloigner, & ensuite fit présent à la demoiselle d'une paire de soufflets & de quelques coups de pied dans le cul, avec lesquels il la fit sortir de la promenade. S'imaginera-t-on que cette créature en se sauvant se mit à crier au feu? on l'arrêta, & quand on lui demanda pourquoi elle crioit au feu plutôt qu'à la garde, elle répondit ingénument que c'étoit pour obtenir plus vîte du ſecours. On eut beaucoup de peine à détromper le public, d'après l'impreſſion que les cris de cette fille avoient faite ſur lui, & la recette des Variétés en ſouffrit beaucoup le lendemain.

Les petits maîtres, les faquins, & les faiſeurs de calembours, ont ſurnommé cette promenade *le camp des Tartares*. On ne ſait quelle idée ils attachent à cette dénomination. Ce qu'il y de certain, c'eſt que les Tartares s'y comporteroient bien différemment.

Une des plus grandes boutiques ſous ces promenoirs eſt celle du papetier marchand de porte feuilles; il en eſt très-bien aſſorti. Quant à moi, depuis que l'on m'a volé le mien dans ma poche, je trouve que rien n'eſt plus inutile. Il vaut mieux avoir une poche dans laquelle vous ne mettrez que vos papiers eſſentiels : ſi vous en perdez un, au moins ne perdrez-vous pas tout.

Les grands porte-feuilles fermant à clef ſont néceſſaires aux gens de robe pour aller au Palais, aux financiers pour ſe rendre à leurs aſſemblées, ou pour mettre dans une malle lorſqu'on eſt en voyage; excepté cela, en achetera d'autres qui voudra, ce ne ſera pas moi.

Les Petites-Affiches de Paris ſont de la plus grande utilité, & ſans contredit c'eſt un de nos meilleurs papiers publics. Mais qu'on me permette une obſervation que je crois raiſonnable. Pourquoi, à l'article, *effets perdus ou trouvés*, vois-je ſouvent inſéré le 15 du mois ce que l'on l'on a perdu ou trouvé le 2. Ne ſeroit-il pas mieux d'annoncer le lendemain ou le ſurlendemain de la perte ou de la trouvaille, l'objet perdu ou trouvé ? Suppoſons qu'un homme ſenſible & délicat trouvât aujourd'hui un porte-feuille de billets de la caiſſe d'eſcompte, que j'aurois perdu hier ; cet homme doit partir le ſoir même pour aller à Lyon ou à Bordeaux ; à qui remettra-t-il le porte-feuille ? Le confiera-t-il au premier venu ? Attendra-t-il cinq à ſix jours pour voir dans les Petites-Affiches à qui les billets appartiennent ? L'on me répondra que ces deux feuilles de petites annonces ne permettent pas de tout y inſérer le même jour : que chacun doit avoir ſon tour. — A la bonne heure ; mais le ſamedi il y a toujours un ſupplément également de deux feuilles : que ne réserve-t-on ce supplément pour toutes les demandes & les biens seigneuriaux à vendre ? Je m'imagine qu'il resteroit alors assez d'espace dans les six jours pour insérer les effets perdus ou trouvés au moins le troisième jour, & ne pas attendre le cinquième, le sixième, & quelquefois même le dixième pour annoncer ce qui a été perdu ou trouvé : souvent dans ce dernier cas l'annonce devient inutile.

Ce fut par le plus grand hazard que je retrouvai mon porte-feuille. Celui qui me l'avoit volé ayant été arrêté pour une autre filouterie, je fus mandé chez un commissaire qui ne savoit à qui ce porte-feuille pouvoit appartenir, & qui n'en fut instruit que douze jours après par les Petites-Affiches, quoique j'eusse envoyé dès le lendemain au bureau pour faire inſcrire ma perte, n'étant pas bien certain ſi l'on m'avoit volé, ou ſi j'avois perdu mon porte-feuille.

Un ancien grenadier, homme actif & intelligent, eſt venu s'établir au Palais-Royal, avant que les bâtimens neufs fuſſent même achevés. Le logement qu'il ne payoit pas, ſon induſtrie, ſes ſoins, lui ont fait faire une eſpèce de fortune, qu'il a commencée preſque avec rien. Il imagina des pompes portatives pour l'arroſement des cours & des devants des maiſons. On le voyoit par-tout en faire l'eſſai; ce qui lui attira des curieux, puis des amateurs : enfin, ces pompes prirent faveur dans l'eſprit du public, & chacun voulut s'en procurer. Ce qu'il y a de certain, c'eſt qu'elles ſont fort ſimples, très-commodes, & encore plus utiles. Ce pompier est actuellement établi dans une des boutiques des promenoirs, & fait toujours bien ses affaires. J'invite un chacun à se procurer une de ces petites pompes, qui deviennent très-nécessaires au commencement d'un incendie; on ne peut que difficilement lancer de l'eau avec un seau, & une femme, sans beaucoup de peine, peut faire mouvoir ces petites pompes; ce qui devient commode dans un instant pressant.

CHAPITRE XLV.

Bière angloise.

DANS une salle par bas, au-dessous du petit Musée des enfans, le sieur Tanrés, qui tient aussi le café mécanique, obtint la permission d'établir un café qui a vue sur la rue de Montpensier, & deux entrées, l'une par ladite rue, & l'autre par les galeries en bois. Ce café, qui sert de passage au public en général, & particulièrement aux amateurs du spectacle des Variétés, a toujours été beaucoup fréquenté depuis son établissement. L'affluence du monde a été si considérable dans les commencemens, que le Limonadier en très-peu de temps s'est vu au-dessus de ses affaires. Pendant la durée du spectacle on n'y voit pas beaucoup de monde, mais à la sortie des Variétés, il est bien-tôt rempli. A peine, quelquefois, peut-on s'y retourner. La bière, qu'on nomme *bière angloise*, se sert dans des pots de faïance; ce qui donne à ce café l'air d'une tabagie. On y prend beaucoup de riz au lait, qui y est fort bon; peu de café, peu de liqueurs, mais du punch & de l'eau-de-vie. Les habitués de ce café sont des recruteurs, des filles, des jeunes gens qui, le dimanche, viennent s'y régaler de bière angloise. Il y règne un bourdonnement insupportable, & la liberté qu'on y trouve de parler très-haut, & de pouvoir agir sans précaution, est en partie cauſe de la foule qui s'y porte. Ce café n'a aucune décoration, & il n'en a pas beſoin. Il ne s'y paſſe rien de bien remarquable ; on n'entre pas à ce café pour parler d'affaires, tout eſt ſacrifié au plaiſir de boire de la bière angloiſe & de prendre du punch. Les dimanches & fêtes on y voit quelquefois le petit bourgeois avec ſa femme & l'enfant ſe régaler d'une jatte de riz au lait. Les élégans en général ne s'y arrêtent pas. Il y a actuellement une autre ſalle de plain-pied avec la première, mais qui ne ſe trouve pas ſur le paſſage, ce qui la fait préférer de tous les gens tranquilles.

On ne peut trop s'étendre ſur l'intelligence de la maîtreſſe de ce café, ainſi que ſur ſa politeſſe & ſa décence. Elle embraſſe d'un coup-d'œil tous les objets, & rien ne lui échappe; auſſi c'eſt l'endroit de tout le nouveau Palais-Royal où l'on eſt le plus promptement ſervi. Le Limonadier rode par-tout, veille à tout, & ſa préſence ne contribue pas peu à maintenir le bon ordre & la tranquillité parmi les amateurs de la bière angloiſe, qui, la tête une fois échauffée, pourroient occaſionner des déſordres qu'il ne ſeroit pas facile de réparer (1).

---

(1) Le ſieur Taurés n'a point attendu la défenſe que l'on vient de faire aux filles de ne plus paroître au Palais-Royal, pour les exclure de ſon café; ce qui, en rendant juſtice à ſon honnêteté, rendra à ſon café l'appareil de la décence que les honnêtes gens deſirent.

CHAPITRE XLVI.

Entresols.

PRIS dans la hauteur, & ſous les galeries, ayant vue dans le pourtour des bâtimens, ſur les rues qui les entourent, & ſur les galeries & le jardin.

Ces logemens, qui ſont très-ſombres du côté du jardin, ne ſont occupés, pour la plupart, que par les marchands. Il y en a quelques-uns loués à des particuliers, & d'autres qui ſont partie des hôtels garnis.

Il arriva dernièrement une ſcène aſſez plaiſante à un homme honnête, qui, s'étant laiſſé perſuader par une de ces belles qui courent le Palais-Royal pour faire des dupes, la suivit dans une chambre, à l'entresol, où elle logeoit. Sitôt qu'il fut entré, elle le fit asseoir, & sortit sous un prétexte, en lui disant qu'elle alloit revenir. Un instant après que la belle fut sortie, on frappa à la porte; le galant va ouvrir, croyant que c'étoit la demoiselle qui rentroit; point du tout, il voit trois hommes, dont un lui demanda très-poliment, Monsieur, est-ce ici la demeure de Mademoiselle Agathe? — Je crois qu'oui, répondit le Monsieur, mais elle va rentrer à l'instant. — Cela suffit, Monsieur; ne vous alarmez-pas, nous ne venons que pour saisir ses meubles. — Comment, ses meubles! — Oui, Monsieur; il y a assez long-temps que je patiente, il faut que je faſſe valoir mes droits. Le Monſieur, fort embarraſſé, ne ſavoit s'il devoit ſortir ou reſter ; il juroit entre ſes dents de ce que la fille ne revenoit pas, & du compromis dans lequel il ſe trouvoit. Enfin, impatienté de ſon retard, il demanda bruſquement à l'huiſſier : elle doit donc une ſomme conſidérable, cette femme-là, pour en venir à de pareilles extrémités ? — Non, Monſieur, c'eſt pour trente-ſix liv.—Comment pour trente-ſix livres ! allons, allons, Monſieur l'huiſſier, je les paye, moi. Donnez-moi toutes vos paperaſſes, & n'en parlons plus. L'huiſſier obéit, toucha quarante-cinq livres, à cauſe des frais, & ſortit. Dix minutes après la friponne arriva ; notre amoureux, ſans lui dire un ſeul mot, la prend par le bras, la fait entrer dans ſa chambre, lui jette ſes papiers au nez, tire la porte en ſortant, & ſe ſauvè en maudiſſant les femmes & les entre-ſols.

On a ſu depuis, que l'huiſſier & ſes témoins étoient au cabaret à ſe divertir, en attendant que l'adroite friponne les vînt avertir qu'il y avoit quelqu'un chez elle en état de payer ſa dette.

Du côté du ſpectacle des Ombres chinoiſes, on trouve un magaſin de ſouliers & de bottes de toute eſpèce; ce magaſin a pour enſeigne le cadran bleu. On y eſt très-bien ſervi, & à juſte prix; les étrangers ſont le principal bénéfice de ce magaſin.

Les chauſſures ont changé de forme quatre ou cinq fois depuis ſix ans. Les ſabots chinois pour les femmes ont ſuccédé aux ſouliers à roſettes, qui avoient pris la place des ſouliers attachés avec des boucles à pierre. La mode des grandes boucles pour les hommes a détruit l'uſage des ſouliers très-hauts ſur le coup-de-pied, & actuellement les ſouliers quarrés, attachés avec des rubans, ou avec de très-petites boucles d'acier, ont pris la place des ſouliers décolletés. Il en eſt de même des bas; on eût trouvé ridicule, il y a dix ans, les bas de couleur rayés blancs, & aujourd'hui c'eſt à qui en portera de plus ſinguliers les uns que les autres. Quelle extravagance! Blanc uni, noir uni, gris uni, ne ſont-ils pas préférables? Mais la mode, la mode!

CHAPITRE XLVII.

Premier étage.

VASTES & ſuperbes appartemens, ayant vue d'un côté ſur le jardin, & de l'autre ſur les rues de Valois, de Beaujolois & de Montpenſier.

Ces appartemens ſont occupés par différens particuliers riches, & par des magaſins conſidérables, tels que celui du ſieur Verrier & compagnie (1).

Le magaſin du ſieur Lafaye, diſtillateur, ci-devant vis-à-vis la ſtatue de Henri IV, eſt un des plus beaux

(1) Voyez Prix fixe.

& des plus riches magasins en ce genre ; il est situé du côté du café de Foi.

On trouve chez lui tout ce qui concerne les ornemens de tables, sucreries, liqueurs nationales & étrangères. Dans le temps des étrennes ce magasin est éclairé avec goût, & les fenêtres donnant sur le jardin sont illuminées (1). Le sieur Lafaye a un laboratoire magnifique à Dunkerque, d'où il tire ses distillations.

Le premier étage comprend encore le cabinet de tableaux du sieur Hamond (2).

Les différens Clubs & Sociétés; savoir, la Société Olympique, N°. 65, dont le nombre des personnes n'est point limité. Le but principal

---

(1) Voy. Parfumeurs, Chap. XXXVIII.

(2) Voyez Curiosités, Chap. XVIII.

de cette Société eſt de cultiver la muſique.

Le Club, ou aſſemblée de converſation ; ſeule aſſemblée qui ſe ſoit ſoutenue ſans les reſſources du jeu.

Le Sallon des arts, au-deſſus du café du Cayeau. Les appartemens ſont diſtribués de manière qu'il y a un ſallon de converſation, un ſallon de lecture, une galerie pour expoſer les ouvrages, une pièce pour la muſique, & des cabinets pour les perſonnes qui veulent faire des extraits, &c.

L'Aſſemblée militaire, compoſée d'officiers de diſtinction, dont l'entrée eſt en face de la rue Vivienne, & les ſalles d'aſſemblées ont vue ſur le jardin.

La Société des Colons, formée

par les Américains, au-dessus du café de Valois, N°. 171.

Le Sallon des échebs au-dessus du café de Foi; seul jeu que cette société se permette (1).

Le premier étage est encore occupé par le sieur Beauvilliers, restaurateur (2).

---

(1) Voyez, sur tous ces objets, le Guide des amateurs, tom. II, pag. 280 & suiv.

(2) Voyez Restaurateurs, Chap. XIII.

CHAPITRE XLVIII.

Dépôt des Cryſtaux de la Manufacture de Sèves.

ENCOURAGER les arts, protéger les talens, voilà le devoir eſſentiel des Grands. De-là l'induſtrie plus active donne naiſſance à des découvertes utiles & agréables.

C'eſt aux ſoins du cultivateur que l'on doit les fruits & les fleurs, qui, ſans lui, n'euſſent été que revêches & ſauvages.

L'établiſſement d'une manufacture quelconque fait vivre un grand nombre d'individus pauvres, fait circuler l'argent dans la claſſe la plus indigente, & fait autant d'honneur au protecteur qu'à l'inventeur.

Qu'avons-nous besoin de nous exposer à des dangers, d'aller franchir l'espace des mers, & d'armer des vaisseaux pour aller chercher des porcelaines à la Chine, à présent que la manufacture de Sèves nous en fournit d'aussi belles, & d'une plus grande utilité, puisqu'elles résistent à l'action du feu ?

C'est à feu S. A. S. Mgr. le Duc d'Orléans que la manufacture de crystaux, dont le dépôt est au Palais-Royal, n°. 50, doit son établissement dans le Parc de Saint-Cloud.

C'est d'abord à ce Prince que nous devons l'avantage de jouir d'une production nationale, utile & agréable, & qui, presque dès les premiers instans, pouvoit être comparée avec les crystaux d'Angleterre.

Sa Majesté la Reine, en devenant propriétaire de Saint-Cloud (1), s'est déclarée protectrice de ce nouvel établissement. Depuis cette époque les progrès de cette manufacture ont été si rapides, qu'il ne lui reste plus qu'à fabriquer en assez grande quantité pour que le public puisse jouir, au plus bas prix possible, d'un avantage qu'un petit nombre seulement a pu se procurer jusqu'à ce jour (2).

Ce Dépôt est composé d'ouvrages choisis, dans lesquels on ne peut

(1) Village à deux petites lieues de Paris, où il y a un magnifique Château, un Parc, & de superbes cascades, &c.; appartenant ci-devant à feu S. A. S. Mgr. le Duc d'Orléans.

(2) Voyez le Guide des amateurs, t. II, pag. 276.

s'empêcher d'admirer les talens réunis du souffleur & du tailleur; ce qui fait le principal mérite des ouvrages en cryſtal.

CHAPITRE XLIX.

Jeux. Billards.

POUR que le Palais-Royal devînt Paris en miniature, il falloit que les vices vinſſent s'y réunir. Auſſi, à peine les bâtimens neufs furent-ils achevés, que l'on vit différens jeux s'y établir. D'abord ſous les arcades où eſt actuellement le café de la Grotte Flamande, un particulier inſtalla une eſpèce de jeu de billard, auquel il donna le nom de jeu aéroſtatique. Une bille, dirigée ſagement, entraînoit dans une blouſe celle de l'adverſaire ; dans cette blouſe étoit un reſſort qui communiquoit à pluſieurs autres qui étoient dans l'épaiſſeur de la table ; ce qui faiſoit partir avec une ſorte d'exploſion pluſieurs petits globes qui ſe trouvoient au milieu du tapis. On payoit deux ſous pour l'entrée ; & les parties les plus ordinaires étoient le jeu de la poule ; ce jeu ne fit pas fortune, & peu de temps après le propriétaire diſparut.

Depuis ce temps, pluſieurs autres jeux de billard ſont venus s'établir dans les nouveaux bâtimens. Chacun d'eux a pris une dénomination différente pour attirer les amateurs par la ſingularité ; billard ovale, billard octogone, billard du grand ſallon doré, billard quarré, &c. Tous ces billards occupent des appartemens au premier étage, & ont vue ſur le jardin, & de l'autre côté ſur la rue de Valois.

On eſt forcé d'intéreſſer le jeu par une ſomme un peu conſidérable, parce que les frais ſont de moitié plus chers que dans Paris. Il faut être vêtu décemment pour avoir entrée dans ces ſallons de jeux, ce qui fait qu'en apparence la ſociété eſt aſſez bien compoſée. Mais quelque précaution que l'on puiſſe prendre, il s'introduit là, comme ailleurs, des fripons adroits, qu'à leur extérieur décent & modeſte on prendroit pour de fort honnêtes gens, & qui ne ſont là que pour faire des dupes. Le jeu de billard eſt un des plus beaux jeux, ſans contredit; mais c'eſt celui où il eſt plus facile d'être trompé, en ce qu'un joueur adroit & de mauvaiſe foi peut cacher ſon jeu, & ne profiter de l'avantage que ſon expérience lui donne ſur ſon adverſaire,

adverſaire, que lorſqu'il a eſpérance de faire un gain sûr & conſidérable. Au Palais-Royal, le jeu de billard a pris faveur dans l'eſprit du public, parce que les maîtres ont eu ſoin d'en éloigner le plus poſſible les gens ſuſpects, & dont l'extérieur n'annonçoit rien d'avantageux. Les perſonnes qui fréquentent ces billards ſont, le plus ordinairement, des jeunes officiers, des premiers commis, des oiſifs & des joueurs de profeſſion. Le jeu de billard, qui eſt le jeu favori des villes de province, attire à ceux du Palais-Royal les jeunes gens de famille, qui viennent y étaler leur adreſſe & leur ſavoir-faire, & qui finiſſent preſque tous par payer des leçons fort cher aux ſavans maîtres en ce genre.

On peut, ſans craindre de ſe tromper, rendre au jeu de billard le nom de *noble Jeu*, puiſqu'il s'eſt inſtallé dans un endroit charmant, & qui appartient à un Prince. Mais dans le reſte de la ville, ce jeu-là n'eſt rien moins que le jeu de la nobleſſe. C'eſt le repaire de tous les eſcrocs & filoux, le rendez-vous des limiers de police & de la plus vile canaille. Jamais un homme honnête n'entrera dans un billard à Paris, ſans être expoſé à paſſer pour un mauvais ſujet, un débauché, un homme ſans conduite.

Il y a de certains billards où les garçons marqueurs donnent de l'argent à des joueurs dont ils connoiſſent la force & l'adreſſe, à raiſon de moitié dans le bénéfice; & il arrive ſouvent que l'adroit eſcroc s'entend avec le joueur, de façon que les prêteurs d'argent ſont les dupes. *A fripon, fripon & demi.* Prov.

On vient d'ouvrir tout récemment un jeu de Paume, près le café de Valois. Ce jeu ne ſert qu'à rendre plus agréable la promenade du nouveau Palais-Royal; & ſous tous les points de vue, ce genre d'exercice ne peut qu'être utile.

Les jeux de dames, d'échecs & de domino ne ſe jouent que dans les cafés (1).

Les académies de jeux de cartes n'ont point été permiſes au Palais-Royal. Elles ne ſont cependant pas plus dangereuſes que les billards.

Des trois vices capitaux, le jeu

(1) Voyez Cafés, Chap. VI & ſuiv.

eſt le plus pernicieux; la volupté a ſes bornes; Bacchus a un frein, & le jeu n'en connoît pas; & cependant le jeu eſt preſque néceſſaire dans l'état actuel des choſes ! Comment concilier deux réflexions ſi oppoſées? Un joueur eſt un frénétique qui ne reſpecte rien : capable de tout entreprendre pour ſatisfaire cette paſſion funeſte, il néglige ſes affaires, perd ſon crédit, devient père dénaturé & époux cruel. De-là naît le déſeſpoir qu'enfante ſes remords. La fortune lui eſt-elle favorable, les plaiſirs le cherchent en foule, l'or roule autour de lui; ſa généroſité eſt ſans bornes, le pauvre trouve en lui un ſecours qu'il attendroit long-temps en vain de la part de l'homme riche. Le jeu eſt donc dangereux & néceſſaire. Si, d'un côté, il perd un ou plusieurs malheureux, de l'autre, il entretient la circulation de l'or, l'esprit vital du royaume. Ceux qui ne jouent pas se ressentent du bénéfice de ceux qui gagnent. Dans l'ivresse du gain, l'argent coule des mains du joueur; l'avarice même en ce moment devient généreuse.

Tout est jeu dans ce monde. L'appât du gain ouvre la boutique du marchand, fait monter l'acteur sur la scène, fait ramper les courtisans, conduit l'avocat au Palais, le militaire au combat, arme des vaisseaux pour courir les mers, &c.

Que deviendroient les oisifs s'ils n'avoient les ressources du jeu? Quelqu'un a dit, qu'il valoit mieux être joueur que fripon ou escroc. Ce quelqu'un-là avoit-il raison? Je n'en sais rien. Mais quoiqu'il en soit, le jeu, lorſqu'il ceſſe d'être un délaſſement & une récréation, devient un ſupplice.

CHAPITRE L.

Second étage.

Composé d'appartemens, ayant vue tant ſur les rues que ſur le jardin; ces appartemens ſont occupés par différens particuliers, quelques femmes entretenues, & pluſieurs célibataires.

Le précieux Cabinet (1) d'hiſtoire

(1) Il ne faut pas confondre un cabinet avec une collection. Une collection ne contient qu'un nombre borné de morceaux choiſis dans tous les genres, ou quelques claſſes

naturelle de M. Adanſon, de l'Académie royale des Sciences & de la Société royale de Londres, occupe le ſecond étage du n°. 44. Ce ſavant poſsède au moins ſoixante-dix mille eſpèces d'êtres dans les trois règnes, dont quinze à dix-huit mille en animaux, trente-trois à trente-quatre mille en végétaux, & dix-huit mille en minéraux.

Ce cabinet eſt le plus conſidérable de tous ceux qu'on a vus juſqu'à préſent.

Au-deſſus du café de Valois, on trouve au ſecond étage une charmante

---

d'êtres à-peu-près complètes : un cabinet au contraire doit contenir des ſuites preſque complètes de toutes les eſpèces d'êtres de toutes les claſſes.

loge de Francs-Maçons, décorée avec goût; la salle de banquet qui la précède peut contenir soixante à quatre-vingt couverts. Cette salle est destinée à être louée aux sociétés qui voudroient s'y assembler.

Ces appartemens sont fort sombres, & cela parce qu'ils sont construits dans l'entablement, dont la saillie fait obstacle au jour. Les croisées de ces logemens sont quarrées, ce qui ne fait pas un merveilleux effet dans la perspective; les mauvais plaisans ont donné à ces fenêtres le nom de trous de colombier. Plusieurs même prétendent que lorsque les arbres du jardin seront parvenus à leur maturité, le premier étage ne sera point du tout apperçu. Probablement ils ne savent ce qu'ils disent; on n'a pas fait tout cela ſans ſavoir ce que l'on faiſoit ; on aura ſoin de couper la tête des arbres quand il en ſera temps. C'eſt clair, me dit Polichinel ; laiſſez dire les mauvais plaiſans ; un beau jour ils auront un pied de nez.

CHAPITRE LI.

Les Mansardes.

Les plus agréables logemens, à mon avis, de tout le nouveau Palais-Royal. La balustrade qui règne dans le pourtour ajoute encore à l'agrément.

Ces logemens sont occupés en partie par des garçons seuls, par quelques artistes, comme sculpteurs, peintres, & autres, & par quelques élégantes. On y respire un air plus salubre, & le coup-d'œil est très-agréable.

C'est dans une de ces mansardes, au-dessus de la Grotte Flamande, que demeure cette fameuse courtiſanne, nommée la Bacchante, & qui eſt connue de tous ceux qui fréquentent le Palais-Royal. On prétend qu'elle a ſervi de modèle au tableau de la Bacchante, expoſé au ſallon du Louvre, en 1785. Elle eſt remarquable par ſa chevelure épaiſſe & crépue, dont elle fait un grand étalage.

Lorſque le jeune acteur des Beaujolois (1) fut bleſſé d'un coup de piſtolet, on vouloit tranſporter cet enfant chez ſon père; cette fille deſcendoit de chez elle, &, attirée par les cris de l'enfant, elle s'approcha, & demanda quel en étoit le ſujet. Sitôt qu'elle en fut inſtruite, elle offrit, en pleurant, ſa

(1) Voyez Evénemens.

chambre & ſon lit pour le petit bleſſé.

Le libertinage n'exclut donc pas la ſenſibilité; il reſte donc encore des vertus parmi le vice ! Sans aucun eſpoir de récompenſe, cette fille offre ce qu'elle poſsède pour ſoulager le malheureux ſouffrant. Quelle leçon pour l'homme riche ! L'auſtère vertu, par un faux principe de dévotion, n'eût rien offert à un être jouant la comédie, & la femme déſordonnée donne des ſecours ſans acception de perſonnes. Croiroit-on que l'on ait rebuté durement l'offre généreuſe de cette fille ? Sa complaiſance méritoit au moins un remercîment.

Il eſt à remarquer que l'infortuné trouvera plutôt un ſecours preſſé en s'adreſſant à cette eſpèce de femmes, qu'en implorant les bontés ou les générosités d'un Grand. Il semble que ces êtres méprisables, par le métier honteux qu'ils exercent, cherchent à balancer leurs remords par quelqu'acte de bienfaisance.

CHAPITRE LII.

Les Combles.

L'ARCHITECTE ingénieux, ordonnateur des nouveaux bâtimens, a ménagé dans les combles au dessus des mansardes, des logemens de domestiques (1); ce qui est bien plus agréable que des greniers. Ces combles reçoivent du jour par un vitrage quarré, qui n'est point apperçu de ceux qui se promènent.

Les laterines sont dans les combles; il eût été mieux peut-être d'établir

(1) Voyez hôtels garnis, Chap. XXXIII.

des cabinets, de diſtance en diſtance, dans l'eſcalier; mais ſans doute on a eu ſes raiſons. Malheur à celui qui ſe trouveroit ſurpris d'une colique violente en ſe promenant. A coup sûr il n'auroit jamais le temps de monter quatre étages.

Ces combles ſont auſſi occupés par des garçons tailleurs, des garçons marchands, & quelques autres ouvriers. Tout état qui exige la lime & le marteau eſt exclus des bâtimens neufs. Peut-être n'a-t-on pas tort, parce qu'il eût été déſagréable d'entendre frapper & forger dans un endroit deſtiné au plaiſir & aux graces.

J'ouvris, par curioſité, une de ces petites fenêtres des combles. Rien n'eſt ſi plaiſant; on peut à peine faire paſſer ſa tête; on diroit que l'on eſt au pilori. On peut cependant appercevoir de-là le jardin, & la partie des bâtimens qui eſt en face de ſoi; mais je ne pus m'empêcher de m'écrier, en regardant en bas : *Ah, que cela paroît petit!*

CHAPITRE LIII.

Le Jardin.

JE defcendis au jardin : je vis avec plaifir que la plantation des jeunes maronniers répondoit parfaitement aux foins infinis qu'on fe donnoit journellement. Tous les matins, à compter du printemps jufqu'à l'entrée de l'hiver, on arrofe les allées, ce qui entretient la fraîcheur dans ce jardin, un peu trop refferré, & mafqué par la hauteur des bâtimens au pourtour.

Ce jardin contient cent dix-fept toifes de longueur, fur cinquante de largeur, & eft fermé par des grilles de fer, pofées entre les pilaftres des galeries ; de diftance en diſtance il y a des grilles ouvertes qui donnent communication du jardin aux galeries. Ces grilles ſont fermées le ſoir à minuit.

Rien ne fait tant d'honneur à M. Louis que le projet que cet artiſte a, dit-on, formé de placer au pied de chacun des arbres des deux allées, qui ſe prolongent dans toute la longueur du jardin, les ſtatues des grands hommes qui ont illuſtré la France, & celle de Henri IV au milieu.

J'admirois une magnifique eſplanade de vingt-deux toiſes de large, ſur trente-neuf de long, occupée par un ſuperbe miroir de gazon, en boulingrin, entouré de treillage, lorſqu'un de ces réformateurs de projets m'interrompit, en me diſant : vous trouvez cela beau,

Monſieur?—Certainement, Monſieur. Et ce le ſera encore bien davantage lorſque la principale façade du Palais ſera vue d'ici ſans obſtacle.—Trouvez-vous cela fort utile ? — Qu'importe que ce ſoit utile, puiſque cela eſt agréable, & que cela ne nuit à rien. — Mais ne valoit-il pas mieux qu'il y eût en place de ce miroir de gazon, une ſuperbe pièce d'eau, qui eût été utile & agréable ? Agréable pour répandre de la fraîcheur, utile en cas d'incendie. Des conduits ſouterrains, aboutiſſans aux égouts qui ſont ſous les rues, auroient procuré la facilité du nettoyement. Des cignes nageans ſur une eau claire & limpide, ſe ſeroient refugiés la nuit dans un rocher élevé au centre de la pièce. Différens groupes d'enfans, poſés ſur le rocher, auroient versé de l'eau dans le bassin, & formé une cascade continuelle. Ce miroir de gazon, ce n'est beau à voir qu'un instant; ce n'est bon qu'à attraper les jeunes chiens qui sont assez malheureux pour s'élancer dans ce gazon. — Vous pouvez avoir raison jusqu'à un certain point; mais ne suffit-il pas de ce petit bassin rond, au milieu des quatre petits pavillons ? — Bah! un verre d'eau! Cela dureroit long-temps! — Quant à la forme du treillage que vous blâmez, vous avez tort. Ils n'ont été sûrement ainsi courbés du côté du gazon, que pour empêcher les enfans de s'y blesser, & les grandes personnes d'y déchirer leurs vêtemens, & non pour attraper des chiens. — Il faut que vous ayez l'esprit bien mal-fait; & l'élasticité de ces ntreillages recourbés, allez-vous dire aussi que le soir les filles publiques n'en profitent pas ? — Vous êtes un fou. — Vous un autre.... — Ma foi, je crois que nous l'étions tous deux.

CHAPITRE LIV.

Les petits Pavillons.

Au milieu d'un quinconce de tilleuls, s'élèvent quatre jolis Pavillons ovales, revêtus & décorés en treillages. Ces Pavillons ſont diviſés en quatre portions égales, formant boutiques occupées par des marchands d'eſtampes, des libraires, des fleuriſtes & des marchandes de muſique & de colifichets de femmes. Le ſecond Pavillon à gauche, en entrant par le paſſage du Perron, eſt occupé en entier par un petit café, tenu par le maître de celui de Foi; un des quarts du Pavillon en face ſert de laboratoire à ce petit café, qui eſt très-fréquenté l'été, parce que l'on s'y trouve à l'ombre; au moyen d'un coutil tendu d'un pavillon à l'autre.

C'eſt le rendez-vous ordinaire des perſonnes d'un certain âge, qui, de ce point, jouiſſent de la promenade & de la fraîcheur que répand le petit baſſin rond, ſans être expoſées dans la foule.

Le commerce des marchands de muſique eſt fort étendu, tant ſous les galeries que dans le jardin du Palais-Royal : il eſt incroyable combien de pauvres gens vivent du débit des ariettes, chanſons, &c. à deux ſous la feuille. Sous le prétexte frivole d'acheter une ariette ou une partition, il ſe paſſe ſouvent des marchés où la clef d'or eſt préférée à la clef de *géréſol.*

Depuis le dernier exil du Parlement de Paris, en 1787, le Prince a ſuſpendu, juſqu'à nouvel ordre, le privilège dont je viens de parler, & a permis à la Police de s'aſſurer des mal intentionnés, qui, dans le jardin, auroient pu ſe flatter de l'impunité.

Ce nouvel ordre qu'on attend tous les jours n'arrive pas.

Les marchands fleuriſtes & de modes, &c. (1).

Le petit baſſin rond, bordé de marbre blanc, & entouré d'un treillage, eſt rempli de poiſſons rouges, qui ſont jolis à voir, ſur-tout lorſque le ſoleil donne ſur le baſſin.

---

(1) Voyez Marchandes de modes, Chap. XXVIII.

C'eſt

C'eſt à l'entour de ce baſſin que les amateurs du midi juſte ſe raſſemblent pour entendre le coup de canon (1).

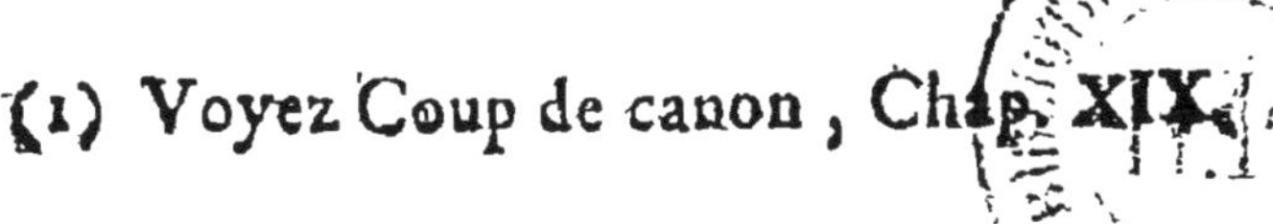

(1) Voyez Coup de canon, Chap. XIX.

CHAPITRE LV.

Les Bancs.

On a donc enfin des bancs pour se reposer ! La mère de famille, économe, & qui ne peut dépenser deux sous pour chaque enfant, pourra donc faire asseoir les quatre qu'elle conduit à la promenade du Palais-Royal.

C'est aux pisseurs malhonnêtes & indécens que le public est redevable de ces bancs utiles. On n'y avoit pas pensé ; tant il est vrai qu'on ne sait jamais que réparer le mal sans prévoir le bien.

On ne pouvoit faire un pas dans le jardin sans voir des hommes pissans contre les pilastres des galeries ; ce qui étoit fort désagréable pour les femmes en général. De ce côté-là, elles l'emportent sur les hommes ; la modestie les arrête, & il est peu d'exemples de femmes qui, au milieu d'une promenade, aient satisfait à ces besoins. L'homme, sans être décidément malhonnête, trouve tous les endroits propices, & ne se dérange pas, même lorsque de jeunes filles, ou des femmes passent.

En vain arrosoit-on tous les matins les pieds des pilastres ; l'odeur étoit insupportable dans le courant de la journée. On a bien fait d'y placer des bancs, ce qui a éloigné les pisseurs.

CHAPITRE LVI.

Soufflet à la Nourrice.

Depuis trois heures jusques vers les cinq à six heures du soir, les gouvernantes, les servantes viennent promener les petits enfans qui leur sont confiés. Rien n'est plus intéressant que de voir les différens grouppes de ces petits enfans ! La nature est si belle à cet âge, que l'on ne peut s'empêcher d'être attendri en voyant les jeux de l'innocence, les caresses que les bonnes prodiguent à leurs tendres élèves, qui les pressent à leur tour dans leurs jolis petits bras ! A cette heure-là le jardin est peu fréquenté par ce que l'on nomme communément *le beau monde*. La tranquillité règne jusqu'à six heures, où la foule commence à venir. Alors les bonnes & les nourrices sortent pour aller coucher les enfans. C'est donc à tort que l'on dit que les enfans sont gênans & causent de l'embarras dans le jardin.

La loueuse de chaises du Palais-Royal fut vivement réprimandée, & méritoit même d'être punie pour le fait que je vais citer.

Les nourrices & les bonnes ne trouvant pas de bancs pour s'asseoir pendant que les enfans jouoient, prenoient des chaises, & s'occupoient à coudre ou à causer ensemble. Une de ces belles nourrices ayant besoin de changer l'enfant qu'elle avoit à la mamelle, prit une seconde chaise pour ſoutenir ſes pieds, afin que ſon nourriſſon ne roulât pas de deſſus ſes genoux. La loueuſe de chaiſes vient, lui cherche querelle; la nourrice ſe met en colère auſſi, avec d'autant plus de raiſon que la loueuſe de chaiſes lui avoit retiré bruſquement la chaiſe ſur laquelle elle avoit poſé ſes pieds. Sur le refus que fit la nourrice de payer le loyer de cette ſeconde chaiſe dont elle n'avoit eu beſoin qu'un moment, la loueuſe lui donna un ſoufflet; cela fit une ſcène déſagréable; tout le monde blâma l'impertinente loueuſe de chaiſes, qui fut menée au corps de garde... Très-certainement s'il y avoit eu des bancs dans les allées, cela ne ſeroit pas arrivé.

A l'inſtant où j'écris, on vient de m'apprendre que l'entrée du jardin étoit défendue aux gouvernantes & aux nourrices ; que celles qui voudroient y promener leurs enfans seroient obligées d'obtenir une permission particulière.

Si cela est vrai, tant pis. Quel tort des enfans en bas âge, conduits par des femmes raisonnables, peuvent-ils faire? Quel embarras peuvent-ils causer, dans un instant où le Palais-Royal est presque désert ? Le protégé aura donc seul le droit de jouir de la promenade ? & l'enfant de l'honnête indigent ne pourra donc s'applaudir des bontés que le Prince accordera à l'enfant né de parens riches ? Je me plais à croire que le Prince ne sait pas un mot de tout cela, & s'il y a une défense, je parierois qu'elle ne vient pas de lui.

CHAPITRE LVII.

Ecoliers, Polissons.

GARE ! gare ! Voilà le Suisse ; disent les écoliers, en se sauvant, & en continuant de courir en jouant à la cligne-musette ! Ramasse vîte tes liards, s'écrie le polisson, en jouant à la toupie. Le Suisse les poursuit ; ils se sauvent par une issue, & rentrent par l'autre, en se moquant de lui.

Ce sont ces écoliers & polissons qui réellement sont insupportables. Ils se jettent & se précipitent en courant sur les personnes qui se promènent tranquillement. Il est un moyen d'empêcher ce désordre, en afficliant une défenfe, ainfi qu'il s'en trouve au jardin des Tuileries & à celui du Luxembourg.

Au lieu de pourfuivre à coups de fouet des enfans de dix ou douze ans, & que l'on court rifque d'eftropier ou d'éborgner, ne feroit-il pas plus prudent d'arrêter ces petits drôles, & de mettre de l'importance à la manière dont on fe faifiroit d'eux. Un ou deux que l'on conduiroit par le collet au corps-de-garde, & dont on enverroit chercher les parens, pourroient les corriger & faire peur aux autres.

La corruption des mœurs actuelles eft pouffée à un tel point, que les enfans de fept à huit ans prononcent des juremens comme le plus déterminé des grenadiers, & vomiffent des blafphêmes avec l'impudence des ſcélérats. Cette idée eſt révoltante : eſt-ce la faute de l'éducation ? Non. C'eſt habitude dans la maſſe ; on jure à-préſent par ton, quelquefois ſans s'en appercevoir, & l'on ne fait preſque plus d'attention, dans le ſiècle d'à-préſent, à ce qui eût excité le mépris & l'indignation autrefois.

L'écolier de douze ans eſt plus hardi & plus libertin que n'étoit celui de trente ans du temps de Henri IV... On agit trop librement devant eux, & ils tirent parti de tout ce qu'ils entendent.

Le corps général eſt gangrené, les membres s'en reſſentent.

CHAPITRE LVIII.

Le nouveau Cirque.

QU'APPERÇOIS-JE ? Pourquoi briser ce treillage ? Pourquoi enlever ce superbe tapis de gazon ? Avançons, dis-je à mon conducteur, courons parmi ce monde assemblé ; sachons un peu ce que c'est... *On va bâtir un manège*, disoit celui-ci : *c'est pour le spectacle d'Astley* (1), disoit l'autre. *Vous vous trompez*, reprenoit l'un, *c'est pour un jardin à la Babylonienne* ;

(1) Fameux Ecuyer Anglois, qui a un amphithéâtre à la barrière du Temple, près le boulevard, où lui & son fils font voir différentes courses & exercices.

point du tout, c'est pour un grand salon de bal, repartoit l'autre. Enfin, à force d'entendre les différentes idées de ceux qui nous entouroient, je ne pouvois m'arrêter à aucune. Je m'approchai d'un homme plus raisonnable que cette foule de discoureurs, & qui m'instruisit de ce que je desirois savoir.

« Ce que l'on construit actuelle-
» ment sur l'emplacement du miroir
» de gazon est une espèce de cirque
» souterrain, dans le genre des
» hyppodromes anciens; il pourra
» servir de manège, soit pour des
» courses de chevaux, ou pour
» toutes autres fêtes de ce genre.
» La galerie qui règnera dans tout
» le pourtour de ce souterrain sera
» formée par une colonnade d'or-
» donnance dorique, qui portera

» une autre galerie de plain-pied » avec le jardin ; cette dernière n'ex» cédera pas la hauteur des pavillons » que l'on voit près le bassin. Les » entre-colonnemens, décorés exté» rieurement par des treillages, ainsi » que les pavillons dont on vient de » parler, offriront alternativement » une croisée & une statue : un » fossé de six pieds de largeur, » rempli d'une eau courante (1), » en défendra l'approche. Toutes » les croisées de l'intérieur seront » autant de tribunes sur le cirque » souterrain. On y sera à l'abri des » injures du temps, par une vouſ-

(1) Si j'avois retrouvé mon homme à projets, je lui aurois prouvé qu'on en fait autant que lui, & que ce fossé vaudra bien la pièce d'eau.

» ſûre en encorbellement, de ſix
» pieds de ſaillie, qui ſera d'un
» effet très-agréable; & facilitera
» les moyens de pratiquer au-deſſus
» de cette galerie un promenoir en
» terraſſe, de dix-huit pieds de
» largeur, dont le milieu ſera mar-
» qué par une plate-bande de fleurs
» & de vaſes.

» On entrera dans ce cirque par
» les deux extrémités & les deux
» milieux; chacune des deux entrées
» aura trois portes; celle du milieu
» conduira à la partie ſouterraine
» par des pentes douces; celles des
» côtés introduiront à la galerie de
» niveau au jardin, & ſur la terraſſe ».

C'eſt encore ſur les deſſins & conduite de M. Louis, Architecte du Prince, que ce cirque s'exécute. Il étoit difficile d'imaginer quelque chose de plus agréable, & qui, en procurant une vue délicieuse aux divers appartemens du Palais, ajoutât encore de nouveaux charmes à ce jardin, de tout temps consacré aux graces.

Ce cirque est couvert en planches de cuivre laminé, d'une nouvelle invention. Ce genre de couverture réunit à la solidité, la légèreté & l'économie.

Que d'argent dépensé pour établir le gazon, diront de certaines gens qui ne réfléchissent pas! Que d'argent perdu à-présent! Que d'argent ce cirque-là va coûter encore! Eh bien, tant mieux. Toutes ces dépenses-là entretiennent la circulation de ce même argent. Combien cela fait vivre d'ouvriers, & de proche en proche leurs femmes & leurs enfans!

Ne blâmons donc jamais les dépenſes que fait un Grand, lorſqu'elles deviennent une ſource qui vivifie le petit. Le gazon a fait gagner de l'argent aux malheureux ouvriers, tant mieux. Le cirque en nourrira deux fois davantage pendant ſa conſtruction ; tant mieux encore.

Que deviendroient les arts, les métiers, l'induſtrie, ſi les riches ne faiſoient pas de dépenſe, tant pour leurs plaiſirs que pour leur utilité ? Un riche avare eſt un fléau. A quoi ſervent, en effet, à la ſociété des tréſors enfouis ?

Croyez-moi, Grands de la terre, détruiſez, conſtruiſez, renverſez, élevez de ſuperbes monumens ; vous ferez le bien de la partie la plus indigente du peuple.

CHAPITRE LIX.

Promenade du ſoir.

Le ſpectacle eſt peu fréquenté l'été. Depuis ſix heures juſqu'à onze heures & demie du ſoir la promenade eſt brillante. A l'ombre des marronniers, on y reſpire un air frais juſqu'au coucher du ſoleil; & la nuit vient auſſi ajouter à cette fraîcheur. L'éclat des boutiques, la clarté des réverbères prêtent encore des charmes à cette promenade. Tous les ordres des citoyens s'y trouvent réunis; depuis la femme de qualité juſqu'à la dévergondée, & depuis le militaire de diſtinction juſqu'au plus petit ſurnuméraire des fermes. Deux rangées de chaiſes ſont occupées par des élégantes, des petits-maîtres, des filles entretenues, de jeunes officiers & des Abbés muſqués. D'un côté, vous voyez la laide marquiſe avec ſon rouge, ſes diamans & ſa pâte luiſante ſur le viſage; & de l'autre, la bourgeoiſe opulente, ſous un ſimple négligé, briller de fraîcheur & d'embonpoint. A différentes tables, l'on voit les preneurs de glaces, le long du café de Foi. Là, ce ſont des financiers qui cherchent la proſtituée, qui, de ſon côté, ſeule & un peu écartée du monde, chantonne en balançant ſa chaiſe, pour en être plus facilement remarquée. Ici le vieux robin, qui refuſe les plus légers plaiſirs à ſa femme, vient chercher une élégante, avec laquelle il ira myſtérieuſement ſouper à la Grotte Flamande. Cet homme dur & avare chez lui, mauvais époux, père inſenſible, ne refuſera rien à la Circé qu'il rencontre.

Le nombre infini des perſonnes qui ſe promènent forme un tableau mouvant, intéreſſant à voir, & qui peut laiſſer, à-peu-près, l'idée des ombres errantes dans les Champs Elyſées des poëtes.

Parmi les perſonnes aſſiſes, la converſation n'a pour but que la médiſance & la calomnie. Il ne s'agit plus d'affaires d'état ni d'intérêt à cette heure-là. L'obſcurité prête un maſque aux médiſans, qui rougiroient en plein jour. Perſonne n'eſt épargné. « Vous connoiſſez » Madame une telle, qui joue l'auſ- » tère vertu, dit, avec l'air du » myſtère, une vieille ſurannée, &

» que la jalousie dévore ? Eh bien ! » vous ne savez peut-être pas qu'elle » a pour amant un Commandeur » de Malthe. Elle ne reçoit pas » d'argent, elle ; mais elle accepte » des bijoux, ce qui a bien plus » l'air de la décence ».

Eh bien, cette médisante conte cela à un Chevalier de S. Louis, qui, la veille, lui a prêté de l'argent pour qu'elle ne soit pas grondée par le vieux Président, son mari, parce qu'elle a perdu considérablement au jeu.

On se servira donc toujours de microscope pour appercevoir les défauts d'autrui.

L'heure du souper arrive, chacun s'en retourne chez soi ; il ne reste plus dans le jardin que les domiciliés du Palais-Royal ; les libertins ſans argent, & les filles qui ont eu mauvais ſuccès dans leurs recherches, & qui ſont obligées d'aller coucher ſans ſouper.

Un coup de ſifflet part, un autre y répond : on va fermer les grilles. Les réverbères ſont éteints, ſortons.

CHAPITRE LX.

Les Concerts.

LORSQUE l'ancien jardin exiſtoit, les virtuoſes, les amateurs s'y raſſembloient le ſoir, & exécutoient des morceaux de muſique agréables & choiſis; les uns ſur la flûte, les autres ſur la guittare, & accompagnoient les chanteurs qui ſe trouvoient parmi eux. On faiſoit cercle autour d'eux; le ſilence ajoutoit aux charmes de ces inſtrumens naturellement doux, & les *bravos* & les applaudiſſemens bruyans, après l'exécution de chaque morceau, produiſoient un contraſte frappant, auquel ſuccédoit l'attention pour un morceau ſuivant.

Depuis la nouvelle conſtruction, on n'a plus entendu de ces petits concerts.

Un des Directeurs du ſpectacle de Beaujolois, (le ſieur Delomel) homme fin, adroit, & qui ſait tirer parti de tout, imagina de donner des concerts au Public qui ſe promène le ſoir au Palais-Royal.

En conſéquence, il raſſembla tous les muſiciens de l'orcheſtre des Variétés, qui conſentirent avec plaiſir à ſe joindre à leurs camarades muſiciens du ſpectacle de Beaujolois, & fit exécuter un concert une fois par ſemaine dans le ſalon quarré des beaux foyers du ſpectacle, dont les fenêtres donnent ſur le jardin.

Jamais aucuns ſermons de Bourdaloue n'eurent autant d'auditeurs. Le public ſe raſſemble autour du ſpectacle, chacun approche ſa chaiſe, les voiſins ſont aux fenêtres, les paſſans s'arrêtent ſous les galeries, & tout le reſte du jardin eſt deſert. Dans une ſi nombreuſe aſſemblée, il règne le ſilence le plus profond, afin d'entendre les chanteurs & chanteuſes, qui s'approchent cependant le plus près poſſible des fenêtres, pour que les inſtrumens ne couvrent pas trop leurs voix. A chaque morceau, la multiplicité des claquemens de mains produit un roulement aſſez ſemblable à celui du tonnerre éloigné. Un inſtant après les *chit*, les *paix-là* produiſent un bourdonnement auquel ſuccède (comme je

l'ai

l'ai dit tout à l'heure, en parlant des anciens petits concerts) un ſilence également profond, & qui annonce un nouveau morceau de muſique que l'on va exécuter.

L'intention du Directeur a été parfaitement remplie; le Public lui a ſu gré du plaiſir qu'il lui procuroit *gratis*, & a conçu une idée avantageuſe de la muſique que l'on exécutoit à l'orcheſtre du ſpectacle de Beaujolois; ce qui n'a pas peu contribué à le mettre en faveur.

Ces concerts, qui ne coûtent rien au Public, ſont toujours diſpendieux pour les deux Directeurs. Après le concert ils retiennent les muſiciens, auxquels ils font ſervir un joli ſouper froid, qui, le vin compris, n'eſt jamais à bon marché. Mais ils méritent qu'on leur rende juſtice, ils n'ont jamais balancé ſur tout ce qui pouvoit plaire & intéreſſer le public.

Ces concerts finiſſent toujours tard, parce qu'ils ne commencent qu'après le ſpectacle, & qu'il faut attendre la réunion des muſiciens qui ſont plus ou moins éloignés du ſpectacle de Beaujolois.

Ce genre de divertiſſement ne contribue pas peu à rendre agréable la promenade du ſoir.

On prétend que l'Opéra n'a point voulu permettre au ſieur Gardeur, premier Directeur de ce ſpectacle, de donner des concerts à prix d'argent dans les foyers & dans la ſalle dudit ſpectacle. On ne peut ſavoir au juſte quelle en eſt la raiſon. Pourquoi avoir privé ce ſpectacle d'un bénéfice qui ne pouvoit faire aucun tort au Concert ſpirituel ? .... — Pourquoi ! Pourquoi ! Vous êtes bien curieux, dira l'Académie Royale. Ne ſuis-je pas la maîtreſſe de défendre aujourd'hui ce que j'ai permis hier, & d'autoriſer demain ce que je proſcrirai après demain ? Voulez-vous ſavoir ce que je ne ſais pas moi-même ? ....

Quoi qu'il en ſoit, les Directeurs n'ont point voulu priver le Public d'un plaiſir qu'ils pouvoient lui procurer. Ils donnent des concerts, & l'on n'a pu s'y oppoſer, parce qu'ils ſont maîtres de s'amuſer chez eux, & de faire participer le Public à leurs plaiſirs, lorſqu'ils ne prennent point d'argent.

Les jours de concert, la loueuſe

de chaiſes en prévient les perſonnes qui viennent à la promenade. Les chaiſes ſont retenues pour le ſoïr, & louées en conſéquence.

CHAPITRE LXI.

Les Filles.

« Les filles publiques ont un vice
» de moins que la femme libertine
» & prude ; l'hypocrisie. Victimes
» de l'indigence, de la séduction,
» de l'abandon de leurs parens,
» une fois avilies à leurs propres
» yeux, & ne pouvant plus régner
» par les graces de la pudeur, elles
» se jettent du côté opposé, &
» étalent l'audace & l'impudence ».

Il y a trois espèces de filles qui fréquentent le Palais - Royal ; la fille richement entretenue, la courtisanne & la fille publique. La moins indécente est la fille entretenue, qui, lancée dans un cercle plus brillant, se familiarise avec le bel air des gens de qualité. La courtisanne, plus effrontée, toujours vêtue d'une manière ridiculement à la mode, coëffée en cheveux, ou avec un chapeau chargé de plumes & de fleurs, étalant ses deux chaînes de montres d'or, ainsi que ses boucles d'oreilles & ses diamans, marche à pas précipités, rit toujours, affecte un air de mépris & de dédain en regardant les autres femmes qu'elle rencontre; va, vient, court, entre & sort dix fois d'un spectacle, & retourne à celui d'où elle est partie. Elle emploie, pour séduire, tout ce que le caprice, le manège, l'art & l'esprit peuvent lui procurer de ressources.

La fille publique, moins élégante, & toujours accompagnée d'une vieille femme, ou d'une servante mal-propre, court moins vîte, & se promène plus souvent sous les galeries que dans le jardin, pour n'être pas regardée avec hauteur par l'orgueilleuse Laïs, ou la courtisanne évaporée. Chacune de ces filles a ses partisans. Le jeune homme, encore sans expérience, s'adressera plutôt à ces dernières, qu'à celles dont l'étalage l'intimidera.

Si l'on défendoit l'entrée du Palais-Royal à toutes ces filles, à coup-sûr les marchands ne vendroient rien. L'argent qu'elles reçoivent passe aux marchandes de modes, aux bijoutiers, aux spectacles, aux traiteurs, aux hôtels garnis, &c. Les honnêtes femmes achètent rarement au Palais-Royal; & ſans les proſtituées, les marchands ſeroient, pour la plupart, obligés de fermer boutique.

De tous temps le Palais-Royal a été la promenade de ces filles. L'habitude en a fait une loi; & l'on ſe dit communément, lorſque quelques fêtes extraordinaires les ont entraînées ailleurs: *il n'y avoit pas de femmes aujourd'hui au Palais-Royal; il étoit d'un triſte à faire périr.* Et cependant ce jour-là il n'y avoit que d'honnêtes femmes.

Quelquefois on donne la chaſſe à ces belles demoiſelles, mais cela ne ſert à rien.

Il faut convenir que le ſcandale de ces filles eſt pouſſé un peu trop loin. Il ne faudroit pas que le mépris des mœurs fût si visible, ni si affiché; il faudroit respecter davantage l'honnêteté & la pudeur.

Mais quel moyen employer pour cela, lorsque le luxe, la coquetterie confondent également la courtisanne & l'honnête femme? L'œil le plus pénétrant y est souvent trompé.

Plusieurs de ces filles sont obligées de se passer des premiers besoins de la vie pour acheter de quoi se parer, & cela parce qu'elles sont persuadées que l'on paiera plus cher un beau fourreau, qu'un déshabillé d'indienne, & une pelisse de satin rose, bordée de poil blanc, qu'un simple mantelet de taffetas noir.

Plus une fille reçoit d'argent, plus elle en dépense. Elle s'imagine que ses charmes sont inaltérables;

mais bientôt après elle s'apperçoit de ſon erreur, & il n'eſt plus temps de prévenir le mal, lorſqu'elle ne peut même le réparer. On l'a vue dans un élégant phaéton, dans un brillant vis-à-vis; le temps a tout fait diſparoître, & le caroſſe de remiſe eſt la voiture dont elle eſt obligée de ſe ſervir, en attendant, pour dernière reſſource, le fiacre malpropre & à demi-pourri. Quelle leçon pour l'amour-propre !

La plupart de ces filles ne vivent pas long-temps: toujours dans les excès des liqueurs, faiſant de la nuit le jour, elles ſe fatiguent au bal, aux promenades; & loin de prendre de bonne nourriture, elles ne vivent que de drogues: les glaces, les liqueurs fraîches, les oranges, les ſucreries ſont les alimens qu'elles préfèrent. Elles affoibliſſent leur tempérament, déja fatigué par les excès du libertinage, & périſſent à la fleur de l'âge, victimes de leurs déportemens.

Les réflexions de mon ami m'affligeoient ; je plaignois le ſort malheureux de ces créatures : pour me faire ſortir de ma rêverie, il tira de ſa poche un parallèle qu'un plaiſant avoit fait, entre une jeune fille entretenue, qui n'a pas de conduite & d'économie, & un jeune cheval. Je la tranſcris telle qu'il me l'a donnée.

Evénemens de la vie d'une jeune Fille entretenue.

A QUINZE ans une jeune & jolie fille fait la conquête d'un grand ſeigneur, fort riche.

Il ſe déclare ſon amant, lui donne une maiſon montée, & ajoute aux ſuperbes diamans dont il pare la jeune fille, cent cinquante louis à dépenſer par mois pour ſes menus plaiſirs.

La jeune fille, vêtue dans le dernier goût, la tête chargée de plumes, vole aux promenades dans une élégante voiture, & ſemble dédaigner tous ceux qu'elle voit.

La jeune fille ne ſe refuſe rien;

Evénemens de la vie d'un jeune & joli Cheval.

Un grand ſeigneur voit un jeune & beau cheval ; il en fait l'acquiſition pour en faire ſa monture.

La plus belle écurie, la litière toujours fraîche, le foin le plus pur, l'eau la plus limpide, feront pour le beau cheval, dont on treſſera les crins avec des rubans, & dont l'équipement ſera parſemé d'or & d'argent.

Le cheval, fier du poids qu'il porte, ſecoue la tête avec orgueil, frappe du pied avec impatience, & blanchit ſon frein de ſon écume.

On redouble de ſoins pour le

LA FILLE.

rien ne lui coûte pour ſatisfaire ſes fantaiſies.

La fille atteint vingt ans ; cinq ans de caprice pour un grand ſeigneur, c'eſt un ſiècle. Il laiſſe la demoiſelle avec ce qu'il lui a donné.

Du grand ſeigneur la demoiſelle paſſe au financier. Ce financier prodigue l'or, mais c'eſt pour une ou deux fois : adieu le financier.

Le commis ſe préſente ſur les rangs ; on ne peut pas le refuſer, on a près de trente ans ; on n'a plus rien.

Le commis s'apperçoit que la beauté eſt empruntée, & qu'il ſe ruine. Il s'en plaint, la dame le chaſſe, & reſte avec ſes remords, que fera-t-elle ?

LE CHEVAL.

coursier ; il ne manque de rien.

Ce cheval étoit beau, mais on en a vu un autre plus jeune ; on ne se soucie plus de celui-là.

Au cabriolet le joli cheval ; il ira à merveille, il est encore frais. On met le cheval dans une écurie moins belle, & il n'est pansé que tous les deux jours.

Un cheval de l'attelage meurt. Il faut prendre celui du cabriolet, il est tout pareil à l'autre.

Le seigneur a acheté un attelage complet. Le joli cheval a des javarts, il est laid à-présent. Il faut le vendre au loueur de carosses de remises.

LA FILLE.

Le laquais.... Ah ciel ! Un laquais ! Il faut pourtant en venir là, ou mourir de faim ! Quel crève-cœur ! Le laquais n'a que ses gages, il se repent & disparoît.

Descendre à la porte, & m'avilir à ce point-là, dit la pauvre femme en se rappelant le passé & en versant des larmes ! La faim, la misère la contraignent.

On l'arrête, on la conduit en prison. Un poison destructeur a coulé dans ses veines.

A l'hôpital ! Dieu ! une femme comme moi à l'hôpital ! Oh ! j'en mourrai !

Elle y meurt en effet, rongée de remords, & dans les plus cruels tourmens.

LE CHEVAL.

Oh ! comme il a les oreilles basses ce cheval-là, dit le loueur de carosses de remises, il dépare l'autre. Vîte qu'on l'attèle au fiacre ; conduisez-le sous l'angar qui est dans la cour.

Il est vieux, il est maigre, il a de mauvais foin, peu d'avoine, il est roué de coups, il tombe épuisé de fatigue ; il se casse la jambe.

Il ira bien sur trois pieds, il se traînera comme il pourra, c'est un cheval perdu ; il a la morve & la jambe cassée.

On traîne le pauvre cheval chez l'écorcheur ; on l'assomme.

La seule différence qu'il y ait entre la fille & le cheval, c'est que ce dernier fut toujours utile, & n'a pas mérité son sort.

Quoi que l'on puisse dire de cette comparaison, qu'elle paroisse juste ou non, j'ai pris le parti de rire.

CHAPITRE LXII.

Je rencontre un homme.

On ſe couche ſi tard, qu'il eſt impoſſible de ſe lever avant onze heures du matin; & tandis que les malheureux des deux ſexes, dès le lever de l'aurore, ont déja pourvu à tous nos beſoins, la molle oiſiveté repoſe enſevelie dans des oreillers de duvet, & ſur des couſſins d'édredon. Le luxe & la diſproportion des fortunes a interdit à l'indigent les plaiſirs du Palais-Royal; il ne peut que s'en faire une idée. Le matin ſeulement, pendant le ſommeil des riches, le pauvre peut traverſer le jardin. Vers les dix ou onze heures, cela lui eſt défendu.

Peu accoutumé à la vie de Paris, je me lève toujours de bonne heure. Je trouvai un matin un homme aſſez bien vêtu, qui s'amuſoit à lire en ſe promenant. Je m'arrêtai; il me ſalua. — Vous êtes étonné, me dit-il, en m'abordant, de me voir à ſix heures du matin à la promenade? Je ne ſuis pas moins ſurpris de vous y voir. Vous êtes étranger à ce qu'il me ſemble? — Oui, Monſieur. — Je vous ai deviné; ſi vous euſſiez été de la ville, très-certainement vous ne ſeriez pas ſi matinal. Moi, j'aime à jouir du ſoleil levant, & je me moque des plaiſirs que l'on achète au prix de ſon ſommeil. Je me couche de bonne heure, & je me lève de même.

Je liai converſation avec cet homme, qui me parut raiſonner aſſez juſte; & quand je lui fis part de mes réflexions ſur la pareſſe des gens à l'aiſe, & ſur la peine que devoient reſſentir les pauvres de ne pouvoir jouir des plaiſirs variés des grands; il me répondit : Monſieur, le ſommeil eſt la conſolation de l'indigent; & la nature, par d'heureuſes chimères, met en balance dans ſon imagination la jouiſſance des voluptueux & des gens riches. Ne faut-il pas, par une loi indiſpenſable de la nature, que le riche & le pauvre, le courageux & le timide, le ſage & l'inſenſé ſoient confondus enſemble régulièrement une fois en vingt-quatre heures ? Car enfin, cette ame héroïque qui brave tous les périls, n'eſt pas plutôt livrée au ſommeil, qu'elle devient susceptible des plus vaines terreurs. Ce politique qui manie ſi ſagement les reſſorts de l'Etat, & ce Philoſophe qui pénètre avec tant de ſubtilité les ſecrets de la nature, raiſonnent comme des imbécilles, dès qu'ils ont fermé la paupière.

En cet état, le Monarque le plus puiſſant ſouffre impunément le mépris & l'injure, & les plus malheureux jouiſſent quelquefois de la pompe & de l'orgueil du Souverain.

Le pauvre a ſes plaiſirs comme le riche a les ſiens; ceux de ce dernier ſont plus bruyans : ceux de l'indigent ſont plus vifs, plus réels, puiſqu'il n'en jouit qu'après un travail dur & pénible.

Un Philoſophe avoit acheté une charge à la Cour; ſes amis ne purent s'empêcher de lui en marquer leur étonnement. N'en ſoyez pas ſurpris, leur dit-il ; c'eſt une loge que j'ai louée pour voir la comédie de plus près. En effet, on la joue mieux là qu'ailleurs ; c'eſt la bonne troupe. Nous autres citoyens, qui ne jouons que les acceſſoires ſur la ſcène du monde, on fait peu d'attention à nous ; nous ſommes rarement ſifflés, & encore moins applaudis. Reſtons tranquilles, la pièce finie nous ſerons tous égaux.

CHAPITRE LXIII.

Les Suisses.

Il faut que les fonctions de portier aient quelque chose d'humiliant, ou que la fidélité du peuple Helvétique soit plus éprouvée, ou que les nationaux n'inspirent point assez de confiance, ou n'en imposent point assez, puisque nous ne voyons que des Suisses à longues bandoulières, vêtus de l'habit de livrée de leurs maîtres, à la porte de nos grands hôtels. Pourquoi cette préférence ? Nous avons des domestiques François, Allemands, Espagnols, &c. & nos portiers sont des Suisses. Dans les maisons royales, chez les Princes,

&

& à l'hôtel des fermes, les Suiſſes jouiſſent de privilèges que l'on n'accorderoit pas à un national.

Les Suiſſes du Palais-Royal ſont tous marchands de vin : on en trouve un à chaque veſtibule. Celui du côté de la rue de Valois joue le reſtaurateur, & l'on peut faire chez lui un bon dîné pour beaucoup d'argent. Sa femme, qui eſt ſourde, eſt fort intelligente pour ſon commerce, mais n'eſt point affable ni polie pour le public ; ce qui peut occaſionner des ſcènes déſagréables.

L'autre Suiſſe, logé près la principale entrée du ſpectacle de Beaujeaulois, eſt marchand de vin & marchand de tabac : ſon logement eſt petit ; mais au moyen d'une ſoupente en maçonnerie, il a ſuffiſamment de place pour recevoir les buveurs. Ceux qui vont le plus ordinairement chez ce Suiſſe, ſont les garçons des reſtaurateurs, qui préfèrent le vin à douze ſous du ſieur Cudré, dit *Fribourg*, à celui de vingt ſous de leurs maîtres. Ce Suiſſe ne donne point à manger, auſſi les cuiſiniers des reſtaurateurs apportent-ils des ragoûts ou autres mets pour leur déjeûné. Le ſoir, cet endroit eſt rempli de vieux domeſtiques, de garçons perruquiers, & autres perſonnes de cette qualité.

C'eſt ce Suiſſe (*Fribourg*) qui, déja d'un certain âge, mais dont la voix eſt forte & rauque, pourſuit les enfans & les poliſſons à coup de fouet. Il eſt d'une exactitude ſcrupuleuſe à ſes devoirs, & il eſt bien *Suiſſe* dans toute la force du terme,

Les enfans, plus ingambes, ſe moquent de lui en ſe ſauvant.

Ce ſont les Suiſſes qui ſont chargés du ſoin d'ouvrir & de fermer les grilles aux heures ordonnées.

Le fils du ſieur Cudré, un des premiers violons de l'orcheſtre du ſpectacle de Beaujolois, eſt un garçon ſtudieux, & qui a déja du mérite dans ſon talent; en travaillant, il pourra devenir un excellent violon.

Tous les portiers qui portent livrée & l'accoûtrement ſuiſſe ne ſont pas originaires des treize Cantons. Je puis aſſurer que le Suiſſe du Château de Saint-Germain-en-Laye eſt un bon & franc Picard; mais il porte la livrée du Roi, cela ſuffit pour paroître Suiſſe.

« Il m'avoit fait venir d'Amiens pour être » Suiſſe ».

Scène I. de la com. des Plaid. de Racine.

CHAPITRE LXIV.

Les Dimanches & Fêtes.

TOUTES les boutiques des marchands ſont fermées ces jours-là. Les cafés & les reſtaurateurs ſeuls reſtent ouverts. La promenade eſt tumultueuſe l'après midi, & aſſez mal compoſée le ſoir. Les gens du bel air ne ſe promènent pas les fêtes. Les bourgeois & leurs femmes, accompagnés de leurs enfans, endimanchés, reſtent à la promenade depuis trois heures juſqu'à l'entrée de la nuit; ils ſortent & font place aux filles, aux clercs de notaire & de procureur, ainſi qu'aux garçons marchands, qui n'ont que les dimanches & fêtes la liberté de ſortir. Les cafés où l'on vend de la bière ſont les plus fréquentés ces jours-là. Les ſpectacles donnent les pièces les plus gaies & les plus uſées, & le monde s'y porte en foule. Les Ombres Chinoiſes & les Marionnettes doublent leurs recettes, en donnant deux repréſentations.

Toutes les grilles ne ſont point ouvertes les dimanches & fêtes. Des ſoldats Suiſſes, en uniforme du régiment, prêtent un renfort aux Suiſſes-portiers, & leur conſigne eſt de ne laiſſer paſſer perſonne en négligé.

Il faut entendre le Suiſſe *Fr.bourg* crier avec une voix tonnante, *ii entrer par en caſaquen*; & ſouvent courir après celle ou celui qui s'eſt gliſſé furtivement, & le ramener ſous les galeries en jurant après lui.

Notez qu'une élégante, en caraco de taffetas, garni de gaze, entrera paisiblement dans le jardin, & que la modeste siamoise, sous laquelle on trouveroit les charmes de la vertu, n'entrera pas.

L'attirail du luxe a des prérogatives dont la décence ne peut jouir, parce que, dans ce siècle de corruption, on sacrifie tout aux apparences.

Les spectacles du Palais-Royal font leur clôture la veille du dimanche de la Passion, ainsi que les grands spectacles de Paris.

On s'apperçoit facilement que le Palais-Royal perdroit beaucoup, si l'on supprimoit les spectacles. Il est presque desert les fêtes solemnelles, & pendant les trois semaines d'interdiction.

Les guinguettes, les cabarets, les

lieux de proſtitution, les wauxhaals, le combat du taureau, les académies de jeux ſont ouverts les dimanches, les fêtes, & dans la quinzaine de Pâques; & les ſpectacles, le plus honnête, le plus agréable, le moins ſcandaleux & le moins diſpendieux de tous divertiſſemens, ſont défendus les jours de ſolemnité, & pendant les trois ſemaines de Pâques.

Un homme, après vêpres, va à la guinguette ou au cabaret; il eſt avec un ami, ils en rencontrent un autre; les voilà trois. Chacun boit ſa pinte; la tête s'échauffe, on redouble; & nos trois hommes ivres rentrent chez eux en heurtant les murailles. Ils donnent un mauvais exemple à leurs enfans, rendent leurs femmes malheureuſes, & deviennent un objet de ſcandale pour les voiſins. Les lieux conſacrés à la proſtitution ſont encore plus ſcandaleux; les wauxhaals le ſont moins, quoique ſouvent il s'y paſſe des marchés honteux & indécens. Le combat du taureau n'excite dans l'ame que des idées de ſang & de carnage, & devroit être aboli chez un peuple qui ſe pique de ſenſibilité. Les académies de jeux, où le perdant jure & blaſphéme, ſont elles raiſonnablement ouvertes les jours conſacrés à la piété ?

Au ſpectacle, au contraire, la dépenſe eſt bornée, le ſcandale n'exiſte pas; la morale eſt agréable, & les mœurs ſont épurées. Le ſpectateur rentre chez lui, la tête ſaine, l'ame réjouie ou attendrie; il eſt reçu avec plaiſir par ſa femme, & fait le bonheur de ſes enfans. Il rentre de bonne heure ; le plus long ſpectacle finit à neuf heures, neuf heures & demie au plus tard. Il ne paſſe pas la nuit comme l'ivrogne, le joueur & le libertin ; il ne ſcandaliſe perſonne.

Pourquoi donc a-t-on plutôt permis ces orgies ſales & dégoûtantes, & l'entrée des endroits dangereux, les jours conſacrés à la prière, & a-t-on défendu les ſpectacles, le plus petit des maux, s'il en exiſte ?

Les grands comédiens profitent de ces jours de relâche pour aller en province faire connoître leurs talens. Le Directeur du ſpectacle de la ville où les acteurs de Paris vont jouer, tierce le prix des places, gagne beaucoup d'argent, le comédien auſſi ; & tandis que les bons catholiques de la Province vont à la comédie, les catholiques Parisiens vont à confesse.

Ne seroit-il pas plus à propos de laisser jouer la comédie pendant le temps de Pâques, & d'employer les recettes au soulagement des pauvres ?

CHAPITRE LXV.

Les vieux Garçons.

La promenade, & sur-tout les spectacles, sont habituellement fréquentés par de vieux garçons ou des hommes veufs. Ils ont des loges près du théâtre, d'où ils jouissent de la vue & des graces des actrices qui sont sur la scène. Il faut de très-jeunes filles, des enfans, pour satisfaire ces vieillards libertins. Un peu d'or, quelques bijoux donnés à propos, leur attachent ces jeunes victimes, déterminées plutôt par le luxe & la coquetterie, que par un sentiment tendre ; mais qu'importe à ces luxurieux & voluptueux vieillards ?

On leur dit qu'on les aime, ils le croient, ou feignent de le croire, & cette erreur les console.

Les filles qui ont de l'expérience s'emparent d'eux; ils les craignent, parce qu'ils se doutent bien que tôt ou tard ils seront dupes de leurs menées. Le vieil amant paye, la fille se moque de lui, en lui donnant un jeune rival, qu'elle paye à son tour, & pour lequel elle fait mille folies.

C'est une jeune fille qui n'est point encore sortie de dessous les yeux de sa mère, une enfant de dix à douze ans, que ces galans surannés veulent séduire & corrompre. Sous le prétexte spécieux de faire du bien à des enfans qui ne sont point fortunés, en payant des maîtres pour leur éducation, en acquiesçant à tous les caprices qu'enfante la mode & le desir de plaire ; ces corrupteurs conduisent leurs victimes dans des pièges cachés sous des fleurs, & les immolent à leurs desirs effrénés. L'avare même tire son or de son coffre pour en acheter de jeunes attraits, que le besoin quelquefois lui soumet, & il laisseroit périr l'honnête fille indigente, qui se refuseroit à ses desirs, quand il pourroit la sauver pour un écu. Quelle horreur !

N'enveloppons pas dans cette description ces honnêtes vieillards riches, qui mettent le bonneur de leurs vieux jours dans le bien qu'ils procurent aux jeunes filles. Ils n'attachent point un prix à leurs bienfaits : la tendre humanité les guide, ils encouragent la vertu, & la reconnoiſſance leur dreſſe des autels.

Au Palais-Royal, comme dans le reſte de la ville, le nombre premier excède le dernier. Tant pis !

CHAPITRE LXVI.

Qui n'est pas plaisant.

CROIROIT-ON qu'il y ait dans Paris des femmes payées par les vieux libertins, pour aller à la découverte des jeunes filles ? Croiroit-on qu'il y ait des meres assez faciles, assez criminelles pour vouer leurs enfans à la prostitution ? Rien n'est plus ordinaire cependant, on n'en fait plus mystere. La dépravation est poussée à un tel point, que l'on ne fait presque pas d'attention à ce commerce infâme. *Ma fille a Monsieur un tel*, dit celle-ci ; *il va la meubler, il va lui donner des bijoux, mais c'est sans intérêt au moins ; c'eſt un honnête homme, qui veut lui faire du bien, & voilà tout. Regardez ce que Monſieur... a donné à la mienne*, reprend cette autre mère ; *voilà du beau, cela. Il veut abſolument qu'elle ſoit la mieux miſe, &c. & il fait tout cela par amitié ſeulement, rien de plus.* Et cependant les petites filles vont le matin dans les chambres de ces Meſſieurs, &c. &c.

Aux ſpectacles, comme ailleurs, il y a des mères reſpectables qui ſont obligées de ne point quitter leurs jeunes filles ; elles ſont économes, attentives à leurs maiſons ; elles offrent le modèle de la ſageſſe & du travail. A peine les apperçoit-on, tant le vice paroît en brillant étalage.

Malheur à ces mères coupables

qui établissent les fondemens de leur fortune sur les charmes naissans de leurs filles ! Un jour viendra que le mépris de leurs enfans sera la première punition de leurs crimes ; qu'elles seront accablées de reproches, & périront dévorées de chagrins & de remords......

A qui en voulez-vous donc, dis-je à Polichinel ? A personne, me répondit-il brusquement. *Qui se sent morveux se mouche.*

CHAPITRE LXVI.

Auteurs, Compositeurs, Acteurs, Actrices des Spectacles du Palais-Royal.

Le Public ne sera certainement pas fâché de trouver ici les noms des Auteurs & Acteurs qui font le destin des deux théâtres du Palais-Royal, & qui s'y sont fait le plus de réputation.

Au théâtre des Variétés, les Auteurs qui ont le mieux mérité du Public, sont les sieurs Guillemain, Dorvigni, Dumaniant, Madame de Beaunoir, Pujoux, Landrin, & le sieur Sedaine, neveu de l'Académicien.

Les Acteurs qui sont justement applaudis sont les sieurs Beaulieu, dans les financiers & dans les rôles d'imbécilles ; Bordier dans tous les rôles de caricature & les rôles originaux; Volange dans les rôles à manteau ridicules, & dans les niais qui veulent jouer l'esprit ; Baroto dans les rôles de Gilles ; Michot dans ceux à grande livrée, & premiers comiques ; Dumaniant dans les financiers ; Duval dans les pères nobles ; Saint-Clair dans les amoureux ; Maillé dans les raisonneurs, Boucher dans les seconds comiques, & Coindé, maître de ballets.

Les Actrices sont les demoiselles Foreſt l'aînée, dans les rôles d'amoureuſes ; Tabreze l'aînée, dans les ingénuités ; Prieur dans les rôles de caractère ; Fiat dans les rôles de ſoubrette ; Dumaniant dans les rôles de mères nobles ; Tabreze cadette dans les ſoubrettes, & Roubeau dans les grandes coquettes & amoureuſes.

Cette troupe, qui reçoit tous les jours de nouveaux encouragemens de la part du Public, acquiert de plus en plus, & ne néglige rien pour lui plaire.

La ſalle que l'on élève actuellement pour ce théâtre, dans la même enceinte, & qui fera corps avec le Palais du Prince, occaſionnera probablement une révolution qui ſera favorable à ce ſpectacle, qui a déja ſupprimé de ſon répertoire nombre de pièces un peu trop libres, & peu convenables à la dignité du lieu.
« On conçoit aiſément combien il
» ſeroit intéreſſant pour le progrès
» de l'art dramatique & de celui du
» comédien, qu'il y eût un théâtre
» mixte, qui aidât au développe-
» ment des talens, & les mît en
» état de paroître plus avantageuſe-
» ment ſur la ſcène nationale ».

Les Auteurs qui se sont le plus distingués au spectacle de Beaujolois, sont les sieurs Maillé (1), Demaillot, Mayeur, Guillemain, Gabiot de Salins, Dancourt, le Chevalier des Audrais, Lutene & Dumaniant. En compositeurs de musique, les sieurs Froment, Chardini, Rigel, Bonetti, tous quatre de l'Académie-Royale; Reymond, Champein, Bambini, Deshayes, Philidor & le Blanc.

Les Chanteurs & Chanteuses dont les voix sont les plus agréables au Public, sont les sieurs Delboy, de

---

(1) Premier Instituteur des enfans du spectacle.

Le public paroissoit desirer les talens réunis du sieur Maillé avec le sieur Petit, pour le bien de l'entreprise. Les Directeurs ont vu différemment.

l'Académie-Royale; Labit, haute-contre; Venier, & Dubois, basses-tailles; Hugot & Bourgeois, tailles; les demoiselles Vincent, Montariol, Fournier, Laporte & Venier.

Les aimables enfans acteurs du spectacle, & dont les talens prennent tous les jours de nouveaux accroissemens, sous les yeux d'un Public éclairé, sont, dans la comédie comme dans les mimes, les sieurs Lefort (1), dans les rôles de financiers & de paysans; Lorillard dans ceux de grimes; Damas dans les amoureux; Morel & Latour dans les rôles de valet; Dester dans les

(1) Ce jeune Acteur est sculpteur, & fait les plus jolis modèles en cire colorée, sur quelque sujet que ce puisse être, & que l'on peut mettre sur des tabatieres.

niais, & Talon dans les seconds comiques.

Les Actrices (1) sont les demoiselles Trial pour les amoureuses; Louvain dans le même emploi; Brion, les caractères & les paysannes; Latour & l'Evêque, les ingénuités; Nebel, les soubrettes, & Cousin, les caractères.

Premier danseur, le sieur Moreau, & les deux premières danseuses, les demoiselles Saint-Amand & Etienne.

Le compositeur & maître des ballets est le sieur Barré, de l'Académie-Royale, dont les talens sont connus.

Les Directeurs du spectacle ont obtenu de M. Louis, Architecte du Prince, un agrandissement à la salle du spectacle, au moyen

(1) La plus âgée est affligée de 15 ans.

d'un corridor à trois étages, faillant sur la rue de Montpenfier, & un autre conftruit dans la galerie des foyers, ce qui procure des débouchés commodes, & la facilité de faire le tour de la falle fans déranger ceux qui font affis; indépendamment d'une feconde iffue que ces corridors donnent au Public par l'efcalier du numéro 69, à côté de la Grotte Flamande.

Le théâtre des Beaujolois, quoique petit, eft à machines : tous les changemens de décorations fe font à vue, avec une jufteffe & une précifion étonnantes ; ce qui ne fait pas peu d'honneur au fieur Cabanis (1), machinifte de ce fpectacle.

(1) Entrepreneur de toutes fortes d'ouvrages de menuiferie, & conftructeur de petits théâtres de fociétés, tant à Paris qu'à la Campagne.

Les

Les décorations ſont bien entendues, & d'un très-bel effet ; elles ſont toutes de la compoſition du ſieur Dardignac, peintre en ce genre.

Le Public, du ſpectacle de Beaujolois, beaucoup mieux compoſé que celui des boulevards & des foires, a proſcrit de ce théâtre les pièces à mots équivoques, & qui ſont plates & ordurières ; ce qui ajoute un charme à ce joli ſpectacle.

CHAPITRE LXVIII.

Les Bouquetières.

UN paquet d'œillet vaut trois ou quatre ſous à la halle, & ſe paye plus de ſix francs au Palais-Royal.

On n'entre plus chez les jolies femmes ſans leur porter un bouquet de fleurs nouvelles, ou de fleurs rares, lorſque la ſaiſon eſt rigoureuſe ; c'eſt une loi que la mode a impoſée à tous nos *galantins*.

Toutes les élégantes ſont parées de bouquets lâchement attachés, pour que les fleurs badinent davantage. Cet abandon donne un charme à la beauté, & fixe l'œil du voluptueux ſur la gorge où ces fleurs ſe repoſent.

Rarement on voit une femme honnête avec un gros bouquet. Les filles seules ont cette manie. Le Dimanche, la grisette, la petite couturière, l'ouvrière en modes, n'oublient point de porter un petit bouquet attaché au milieu de leurs corsets; elles ne se croiroient point parées sans cela; d'ailleurs c'est un présent de leurs amans, & c'est leur marquer une préférence, que d'en orner leurs collerettes.

Les faquins, les filles publiques & les cochers sont les seuls qui se permettent de porter d'énormes bouquets. Les fleurs qui parent la beauté deviennent un ornement ridicule, lorsqu'elles sont en trop grande quantité.

L'art des bouquetières est poussé très-loin. Elles donnent à leurs bouquets toutes les formes que l'on exige. J'en ai vu de deux pieds de hauteur, arrangés avec goût, & noués avec dix aunes de rubans. Que l'on juge du prix d'un pareil bouquet, de la folie de celui qui en fait présent, & de l'extravagante audace de celle qui en fera sa parure!

La seule bouquetière qui ait droit d'étaler sa boutique dans le jardin du Palais-Royal, est celle qui se trouve en face du café de la Grotte Flamande. Elle prend le titre de bouquetière de Madame la Duchesse d'Orléans; elle a seule la permission de vendre dans le spectacle.

Il y a une autre bouquetière en sortant dans les cours, à l'entrée des promenoirs en bois, mais qui n'a pas droit d'entrer dans les nouveaux bâtimens; la fille de cette bouquetière eſt ſourde & muette, & on ne s'en apperçoit pas. Elle connoît aux mouvemens de vos lèvres ce que vous lui dites, & y ſatisfait ſans vous répondre ; ſi le prix qu'elle vous indique en vous montrant ſes doigts, vous engage à marchander, elle vous offre un autre bouquet au prix que vous lui donnez. Cette fille, dont on ne craint point l'indiſcrétion, eſt une meſſagère d'amour très-néceſſaire.

Preſque toutes les bouquetières joignent ce dernier commerce à celui des fleurs, & l'on prétend qu'elles n'y perdent pas.

CHAPITRE LXIX.

Les Marchands de marrons.

QU'EST-CE que c'eſt que ces hommes ſales & noirs, qui ont une robe brune & des capuchons? Sont-ce des Moines? Eh! non, vous vous trompez. Ce ſont les garçons du ſieur Benoît, marchand *Marronier, privilégié de S. A. S. Mgr. le Duc d'Orléans*, premier Prince du Sang, ainſi que vous le voyez en lettres d'or ſur ſon enſeigne, faite en girouette.— Voilà qui eſt plaiſant. Quelle idée cet homme-là a-t-il eue d'habiller ſon monde en capucins? — Oh! c'eſt un fin matois, qui ſait bien ce qu'il fait. Il étoit bien ſûr d'avoir la vogue en donnant à ſon attirail un caractère d'originalité & de nouveauté, qui font toujours effet sur le Parisien. Aussi a-t-il fait fortune; la foule l'entoure, on trouve ses marrons de Lyon beaucoup meilleurs que ceux que l'on vend ailleurs, & cela parce qu'il les fait payer *tout rôtis*, vingt-quatre sous le cent, ce qui est fort cher. N'importe, on a acheté des marrons au Palais-Royal, & cela suffit.

De tous les commerces que cet homme a tenus, il n'a réussi qu'à celui de vendre des marrons. Il étoit temps pour lui.

L'homme qui n'a éprouvé que des revers, risque tout pour se faire un sort. S'il peut vaincre le sot préjugé, qu'il prenne un peu d'effronterie, il finira souvent par un succès. Encore faut-il du bonheur.

CHAPITRE LXX.

Cabinets d'aisance.

CELUI qui a besoin de satisfaire à la nature, s'il se trouve à la promenade du midi en face du café du Caveau, & s'il ne veut pas monter quatre étages, parce qu'il se sent trop pressé, doit cruellement souffrir d'être obligé de courir en traversant le jardin dans sa longueur, qui est de cent dix-sept toises, pour arriver aux cabinets publics, qui sont près le célèbre marchand de marrons.

Pour deux sous que l'on donne, on est trop heureux de se soulager.

Derrière l'étalage de la bouquetière, il y a aussi un cabinet pour les dames; ce qui fait opposition.

CHAPITRE LXXI.

Pompiers.

De tous les établiſſemens utiles, celui des pompes publiques pour les incendies eſt ſans contredit un de ceux qui méritent le plus de conſidération. Le ſervice ſe fait avec la plus grande promptitude & la plus exacte vigilance. « C'eſt aux ſoins & » à la prudence de M. de Sartine, » ancien Lieutenant de police de Paris, » que le Public eſt redevable des ſe- » cours prompts & gratuits qu'il reçoit » dans ces inſtans déſaſtreux. » Tous les ſpectacles ont, pendant leurs repréſentations, deux pompiers qui ſont tout près en cas d'accident. Le courage, le zèle & l'activité que les Pompiers montrent dans les plus grands dangers, sont au-dessus de tout éloge.

La prévoyance a placé un corps-de-garde de ces Pompiers derrière les promenoirs en bois, du côté de la salle provisoire du spectacle des Variétés.

CHAPITRE LXXII.

Petits Marchands ambulans.

Sous les veſtibules, & ſur-tout ſous celui du côté du café méca-nique, on trouve tous les jours vers le midi, des marchands de gibier, qui propoſent aux paſſans un faiſan, un lièvre, une perdrix, &c. dont ils ont ſubtilement fraudé l'entrée aux barrières; ce qui fait qu'ils vendent à meilleur marché que les rôtiſſeurs. Ils s'expoſent à la priſon, à l'amende, ou à d'autres punitions s'ils ſont arrêtés aux portes de Paris, & tout cela pour gagner quelques ſous de plus; ce qui annonce à quel point la misère eſt grande, & combien les pauvres ont de peine à trouver une ſubſiſtance, même momentanée. Ils ont de certaines maiſons qu'ils fourniſſent, indépendamment de ce qu'ils vendent aux rôtiſſeurs eux-mêmes, qui font un choix des pièces qui leur conviennent le mieux, & gagnent en conſéquence davantage que s'ils alloient acheter à la Vallée.

En face du café du Caveau, les marchands fruitiers ſans maîtriſe, aſſis par terre, ſous la galerie, proche des grilles, étalent aux regards des amateurs les plus beaux fruits; & comme ils les vendent à meilleur compte que l'elégant fruitier établi ſous les promenoirs en bois, ils en ſont bientôt débarraſſés.

On rencontre encore ſous les veſtibules des vendeurs de chiens, qui ſont, pour la plupart, des chiens volés. Ces malins & adroits fripons vous préſentent deux ou trois jolis petits chiens tondus avec ſymmétrie, & vous les vendent des prix exorbitans ; encore êtes-vous fort heureux lorſque vous n'êtes point dupé. Celui ou celle qui marchandera un petit chien, ou un oiſeau à ces gens-là, doit conclure ſon marché avant de les quitter, & ne pas aller & revenir en marchandant, parce qu'alors ces marchands de chiens ou d'oiſeaux profitent de l'inſtant où l'on a le dos tourné pour empoiſonner l'animal ou eſtropier l'oiſeau, & voici pourquoi : c'eſt qu'ils préſument bien que le chien ou l'oiſeau qu'ils vous vendent étant morts, vous viendrez en acheter d'autres ; ce qui leur fait double bénéfice par cette vente réitérée. Il y en a qui ſuivent la perſonne à laquelle ils viennent de vendre un petit chien, pour s'aſſurer de l'endroit où elle loge, afin de pouvoir voler le chien à la première occaſion. La perſonne qui croit que ſon chien eſt perdu, le fait afficher; le frippon le ſait, remet le chien entre les mains d'un autre frippon qui n'eſt pas connu, & qui va chercher la récompenſe promiſe, qu'ils partagent enſuite.

Croiroit-on qu'à Paris il y a des gens qui ne ſont pas d'autre métier que de voler des chiens, pour, en les allant reporter à leurs maîtres, recevoir la récompenſe promiſe par l'affiche?

Voici deux ſinguliers traits dont j'ai été témoin, & qui prouveront la fripponnerie de ces marchands de chiens.

L'an dernier (1787), M. le Vicomte de *** acheta à un de ces marchands un joli petit chien épagneul, tout au plus gros comme les deux poings, qui avoit les oreilles brunes ainsi que la queue, & le reste du corps d'un blanc de neige. Il le paya un louis, & le porta à son épouse, qui fut enchantée à la vue de cette jolie bête. Vîte un petit coussin près du feu pour le petit chien. On le met là près de la cheminée, afin qu'il n'ait pas froid... Quelques momens passés à la contemplation du petit animal, on veut voir comme il court, s'il fera des gentillesses. On l'appelle, il vient; mais jugez de la surprise & du chagrin de la dame! le superbe chien laisse ses deux oreilles & sa queue sur le coussin. Tout avoit été coiffé par le marchand de chien, avec tant d'art que l'on ne s'en étoit pas apperçu; mais la chaleur du feu fit découvrir la ruse.

Une autre personne acheta un caniche dont les poils, d'une blancheur éblouissante, touchoient presqu'à terre. Deux jours après, l'animal, en se grattant, fit une ouverture à la peau qui le couvroit; le maître s'approcha, & reconnut la supercherie. C'étoit un roquet à poil raz, enveloppé d'une peau de caniche.

« Il est singulier de voir à quel » point la fureur d'avoir des petits » chiens s'est emparée de nos femmes » en général, & sur-tout des femmes » à prétention.

« Ce qui est bien plus original en» core, c'est de voir à la promenade » de grands imbécilles qui, pour faire

» leur cour aux femmes, portent leurs » chiens dans leurs chapeaux ou ſous » leurs bras ; ce qui leur donne un » air bête & niais, qui fait rire ceux » qui les regardent. » Un homme ne rougit pas de porter un chien, & certains pères ſeroient honteux de porter leurs enfans dans une promenade.

CHAPITRE LXXIII.

Que l'on passera si l'on veut.

AVANT de sortir du Palais-Royal, je me retournai pour jeter un coup-d'œil sur ce charmant ensemble ; ce qui me fit faire une réflexion que mon lecteur ne sera peut-être pas fâché de connoître. Est ce pour lui, est ce pour moi, disois-je en moi-même, que le Prince a élevé ce superbe monument ? Le palais le plus somptueux ne flatte qu'une fois l'œil du propriétaire, & celui qui construit de magnifiques jardins, travaille plus pour le Public que pour lui-même ; il en est dégoûté à proportion de leur magnificence. De-là naissent ces changemens, produits par l'ennui & l'inconſtance. Une pareille jouiſſance donne-t-elle le bonheur ? Non : ſi je ne puis avoir un palais, je me contenterai de ma maiſon ; ſi je ne puis avoir une table ſomptueuſe, chargée de mets recherchés, ni manger des oiſeaux ou des poiſſons étrangers, je mangerai ceux de mon vivier & de mes bois ; & ſi je ne puis charger mes habits d'une riche broderie, je porterai une étoffe ſimple, proportionnée au climat & à la ſaiſon. Je jouirai de mon heureuſe médiocrité, parce que je jouirai pour moi-même. Pourquoi donc paroiſſons-nous envier le ſort des Grands ? Ce n'eſt point pour être heureux, c'eſt pour le paroître.

L'homme riche, qui n'a jamais connu le beſoin, eſt ordinairement un homme dur & insensible. Il cherche le bonheur dans les plaisirs vifs & bruyans, & il ne trouve que l'ennui. Né dans le sein des richesses, il ne connoît pas l'état de médiocrité, & il ne daigne pas jeter un regard sur l'infortuné qui languit dans la pauvreté. Il prodigue l'or pour satisfaire ses goûts & ses penchans; & il ne pense pas qu'un peu de cet or, passant de ses mains dans celles d'un malheureux, va changer de prix & de nom. Il s'appellera bienfait. Voilà le bien que les revers ne pourront jamais lui ôter. Il sera grand par sa bienfaisance. Antoine, au moment de sa défaite, s'écria : *Je n'ai plus rien que ce que j'ai donné !*

Pourquoi les riches ne sont-ils presque jamais heureux, lorsque le ciel leur a ménagé deux moyens de jouiſſance, celui de poſſéder & celui de donner ?

Parlez à des ſourds, c'eſt la même choſe.

Recevez l'hommage de vos concitoyens, riches ſenſibles, dont les cœurs ſont émus aux ſeuls noms d'humanité & de bienfaiſance, & qui venez de vous attendrir un inſtant avec moi ! Goûtez un bonheur qui eſt inaltérable. Vous n'avez point inſulté aux malheureux par un faſte impoſant; devenez pour eux la ſource d'un bonheur, dont vous jouirez tous les premiers.

Mais je m'écarte de mon ſujet. Continuons.

CHAPITRE LXXIV.

Les Rues.

DES rues de vingt-ſept pieds de largeur ſéparent les nouveaux bâtimens des maiſons qui entouroient l'ancien jardin du Palais-Royal ; on arrive à ces rues par une ouverture pratiquée rue neuve des Petits-Champs, en face de la rue Vivienne, qui, formant des rampes douces de droite & de gauche de la rue de Beaujolois, communique aux rues de Valois & de Montpenſier.

Il n'y a aucune boutique ouverte, dépendante des nouveaux bâtimens, ſur les rues ; ce qui les rend peu fréquentées, ſi ce n'eſt par les voitures, encore ne ſont-ce que celles qui conduisent les personnes à la promenade ou au spectacle.

Plusieurs cabarets occupent les caves des maisons qui forment l'enceinte de l'ancien jardin, & sont ouverts sur les rues, pour donner retraite aux cochers, aux laquais, aux garçons perruquiers & aux *raccrocheuses*, depuis quatre heures du soir jusqu'à onze heures. Le plus propre de ces cabarets est celui qui se trouve situé au coin de la rue de Beaujolois & de la rampe pratiquée en face du passage du Perron. Indépendamment d'une salle par bas, commune à tous les buveurs indistinctement, il y a à l'entresol des cabinets tapissés en papier chinois, où d'honnêtes gens peuvent aller parler d'affaires. A la porte de chacun de ces cabarets il y a des marchandes d'huitres, des melons & autres fruits ſelon la ſaiſon. A moins de payer le vin fort cher, il eſt rare de l'avoir paſſable. Les *taudions*, à cet égard-là, l'emportent ſur les cabarets élégans.

Dernièrement il parut une ordonnance qui proſcrivoit la litharge, & autres drogues, dont les marchands de vin ſe ſervent pour le falſifier. On l'a entendu crier, on l'a vu afficher, on a oublié tout cela, & le mal exiſte toujours. Quoi de plus important cependant à ſurveiller que ce qui tient à la ſanté publique ? Mais des ſubalternes, commis prépoſés, reçoivent des préſens, & ſe taiſent.

La garde de Paris, dont le corps-de-garde eſt au bout de la rue de Montpenſier, près la principale

entrée,

entrée du ſpectacle des Variétés, a des ſentinelles poſées au bout de chaque rue, tant pour le défilé des voitures, que pour avertir en cas de beſoin.

Le long des bâtimens neufs, il y a des pompes de diſtance en diſtance, pour la commodité publique.

Les voitures viennent ſe ranger dans ces rues pendant la durée des ſpectacles, ce qui les rend fort dangereuſes à l'inſtant où elles défilent par les portes cochères étroites, en face de la principale entrée du ſpectacle des Variétés; ce qui n'exiſtera plus, lorſque le nouveau Palais & la ſalle de ſpectacle en pierre seront conſtruits.

Il y a pluſieurs paſſages pour arriver aux galeries, ſans être obligé d'entrer par les veſtibules.

Le paſſage du café de Foi, en face d'un eſcalier qui communique de la rue de Montpenſier à celle de Richelieu. Le paſſage près le magaſin du ſieur Poixmenu, qui conduit aux Variétés. Le paſſage donnant ſur la rue de Valois, en face du derrière de l'hôtel de la Chancellerie de S. A. S. Mgr. le Duc d'Orléans; enfin, le paſſage ſous le veſtibule en face du café mécanique, aboutiſſant à un eſcalier à deux rampes, nouvellement reconſtruit, & conduiſant à deux autres paſſages, garnis de boutiques occupées par différens marchands, & qui vont rendre en face de l'hôtel de Penthièvre, rue des Bons-Enfans.

Ces paſſages, ainſi que celui du Perron, ſont de première utilité pour les piétons, ainſi que pour les perſonnes qui arrivent en voiture, & qui ne ſont pas obligées d'aller chercher les veſtibules pour entrer, comme je l'ai déja dit.

Le plus fréquenté de ces paſſages eſt celui en face de la rue Vivienne, ainſi que celui qui aboutit à l'hôtel Penthièvre. Du matin au ſoir la foule y abonde ; les marches de l'eſcalier ſont couvertes en lames de fer, ce qui eſt dangereux pour les perſonnes qui montent ou deſcendent trop vîte ; on court riſque de s'y caſſer la jambe ; ce qui eſt arrivé dernièrement à un homme d'un certain âge, & qui cependant ne couroit pas. Avis aux étourdis.

CHAPITRE LXXV.

Cochers, Laquais.

Au milieu de trois rangs de voitures élégantes, dont les cochers, perchés ſur des ſièges qui ſont élevés au-deſſus du niveau de l'impérial, un triſte fiacre ſe traîne avec lenteur, conduiſant au ſpectacle la fille de joie avec le coëffeur. Les cochers à mouſtaches jurent après le pauvre diable qui les arrête dans leur courſe impétueuſe : celui-ci leur répond, & joint ſon éloquence énergique aux ſottiſes des laquais, plaiſamment entaſſés derrière la *déſobligeante* angloiſe.

Sitôt que les cochers ont deſcendu leurs maîtres, ils ſe réuniſſent aux laquais, & vont avec eux aux cabarets, dans les caves dont j'ai parlé au chapitre précédent. C'eſt-là qu'il faut les entendre ſe communiquer les affaires de leurs maîtres, ou de leurs maîtreſſes; ils paſſent en revue leurs défauts, & ne les épargnent pas. Voici à-peu-près leur converſation. Ah! bon jour. Comment te portes-tu? — Aſſez bien. Tu te fais bien attendre. — Ah, dame! que veux-tu? Elle a voulu aller voir l'autre avant que d'aller au ſpectacle. *Notez que*, elle, *c'eſt ſa maîtreſſe, & que*, l'autre, *c'eſt l'amoureux de la dame.* Le mari n'en ſait rien, je ne lui dirai pas, comme tu penſes: elle me paie pour me taire. — Tu es plus heureux que moi, toi; chez ma B..... il n'y a pas un ſou de profit, ſi ce n'eſt aux étrennes &

le jour de ſa fête ; auſſi je la *lâche* la ſemaine prochaine (terme uſité parmi ces meſſieurs). Buvons un coup. A ta ſanté. A la tienne. Les laquais, encore plus à portée de connoître la conduite de leurs maîtres, viennent encore ajouter à la médiſance. Notre Monſieur eſt un bon enfant, dit celui-ci ; il ſe ruine pour la *une telle* de l'Opéra, & c'eſt moi qui ſuis ſon confident. Sa pauvre femme n'en ſait rien ; elle me paie pour l'inſtruire de la conduite de ſon mari, l'Actrice pour empêcher que notre maître ne la quitte ; de manière que je gagne de tous les côtés. — Sans moi, reprend celui-là, il y a long-temps que mon étourdi de maître ſeroit à l'Hôtel de la Force ; il ne fait que de mauvaiſes affaires pour entretenir une guenon qui n'en vaut pas la peine ; mais comme j'ai ſa confiance, & qu'il agit avec moi, ce qu'on appelle *d'amitié*, j'endors ſes créanciers ; ils patientent, me payent pour que je les avertiſſe lorſqu'il aura gagné quelqu'argent au jeu, ou que ſes parens lui en auront envoyé ; mais je ne fais rien pour eux ; je ſuis le premier créancier, & je commencerai par moi, &c. &c. &c. Voilà comme les maîtres ſont traités par leurs valets. Le nombre des bons & fidèles ſerviteurs eſt ſi rare, que, ſur cent, on peut, ſans exagérer, n'en pas trouver cinq. Rien n'eſt plus dangereux que de parler devant ſes domeſtiques. Actuellement on les renvoie au deſſert, & l'on fait bien.

Madame la Comteſſe de..... a été la dupe de ſon premier laquais pendant ſeize ans. Il étoit payé par la Police, à raiſon de quarante ſous par jour, pour rendre compte de ce qui ſe diſoit & ſe faiſoit dans la maiſon de ſa maîtreſſe. Ce domeſtique, ſurpris par une maladie violente, n'eut pas le temps de brûler les papiers de ſa correſpondance. Il fut conſtaté que la conduite de ſa maîtreſſe, ainſi que celles des Princes & Ducs qui fréquentoient cette maiſon, étoit conſignée à la Police. Ce domeſtique mourut de ſes regrets, & Madame la Comteſſe de..... eut encore la généroſité d'aſſigner une penſion à ſa veuve.

Il eſt aiſé de reconnoître à qui appartient tel ou tel autre domeſtique. Serviles imitateurs des ridicules de leurs maîtres, ils y deviennent outrés, & apprêtent à rire à l'obſervateur.

CHAPITRE LXXVI.

Commiſſionnaires.

PENDANT que les cochers & les domeſtiques ſont au cabaret, les Savoyards ou commiſſionnaires gardent les chevaux & les voitures, & ſont payés par eux en raiſon du ſoin qu'ils y apportent. D'autres vont les avertir quand le ſpectacle va finir. D'autres reſtent à la porte des ſpectacles pour obtenir des perſonnes qui ſortent avant la fin, une contre-marque, qu'ils vendent au premier qui veut entrer voir le reſte de la repréſentation. Les commiſſionnaires qui ſont à la porte des Variétés ne viennent point ravir les pratiques de ceux qui ſont à celle des Beaujolois. A cet égard ils ſont très - ſcrupuleux, & ne cherchent point à ſe nuire.

Rien n'eſt plus ordinaire actuellement, que de voir un commiſſionnaire avec une montre d'or ; tant il eſt vrai que le luxe a pris empire ſur tous les êtres de Paris.

Les filles de joie paient certains commiſſionnaires pour qu'ils leur amènent des *pigeons* (terme uſité), & c'eſt à ce métier, ſans doute, qu'ils gagnent des montres d'or, comme de certaines gens gagnent des voitures & des titres.

Ces commiſſionnaires, pour la plupart, ſont eſpions de police. Il ne faut pas confondre ces commiſſionnaires avec les pauvres petits Savoyards, qui ſont preſque tous décroteurs. Ils ſont fidèles, économes, ſe privent des moindres ſuperfluités, & épargnent de l'argent pour envoyer à leurs parens. Les autres, au contraire, ſont fins, ruſés, adroits, très-intéreſſés, font bien les commiſſions, mais ſe les font payer en raiſon de l'importance qu'ils y reconnoiſſent. Ils ſont très-inſolens quand on ne leur donne pas ce qu'ils croyoient avoir. Ils gagnent beaucoup avec les étrangers, pour leſquels ils ſont fort complaiſans, parce qu'ils eſpèrent être payés chèrement par un homme qui ne connoît pas l'uſage, & qui ne peut qu'être à ſon aiſe, en venant habiter au Palais-Royal.

CHAPITRE LXXVII.

Sans titre.

Tous les ſoirs en rentrant à mon hôtel, j'écrivois ce que j'avois obſervé dans le courant de la journée, ainſi que les réflexions de mon Guide. Il me ſurprit dans cette occupation, & en parut fâché. Vous avez tort, me dit-il, de mettre cela au jour ; vous allez faire crier après vous. — Comment cela ? Pourquoi donc ? — Pourquoi ! Parce que tout le monde n'aime point les plaiſanteries: Savez-vous ce que vont dire de vous les marchands, les reſtaurateurs, les bijoutiers, & ſur-tout les femmes en général ? Qu'eſt-ce que c'eſt que cet imbécille qui vient ici nous troubler dans nos plaisirs ? Que lui importent nos défauts, nos ridicules & nos travers ? Nous nous amusons au Palais-Royal, & cela nous suffit. De quoi se mêle-t-il ? que ne restoit-il dans sa Province à se promener dans ses landes (1), & à faire gauchement la cour aux Basses-Bretonnes ? Croit-il nous intéresser avec son livre mal écrit, d'un style pitoyable, & pense-t-il, avec ses longs & ennuyeux sermons, devenir un réformateur ? En tout cas, il a bien tort de l'espérer. Personne ne lira son livre ; on se moquera de lui, & nous continuerons comme nous avons commencé. Et qu'est-ce en-

(1) Terreins incultes de la Basse-Bretagne.

core que ſon ami *Polichinel?* S'imagine-t-il que nous ſerons dupes de ce perſonnage, à qui il fait dire tant de ſottiſes ? Oh ! très-certainement non....... Que répondrez-vous à tout cela? — Moi ! je répondrai en riant, ſi l'on nous prend pour des *bûches*, que :

Air : *Chanſon, chanſon.*

« Quand j'entends raiſonner des cruches, »
» On peut bien permettre à des bûches, »
A leur façon
De moraliſer & de rire,
Lorſque chacun a droit de dire,
Chanſon, chanſon.

— Voilà un belle façon de vous excuſer ! — M'excuſer ! & de quoi ſuis-je coupable ? Soyez tranquille, mon ami, les honnêtes gens me ſauront gré de leur avoir communiqué vos réflexions ; peut-être que plusieurs personnes en profiteront, & alors, où trouvera-t-on le mal? Il seroit bien méchant de penser que tous les hommes sont méchans, & je me plais à croire le contraire. Tout ce que j'ai dit du Palais-Royal n'empêchera pas que ce ne soit toujours un endroit délicieux. J'espère bien y revenir dans quelques temps, & continuer mon ouvrage. Je ne m'en tiendrai pas là.

Mon Guide m'écouta tranquillement, & sortit sans ajouter un seul mot. Je ne l'ai point vu depuis.

Fin de la seconde Partie.

POST-FACE.

« Lorſque le blond Phébus ſuccédant à l'Aurore. »

AH ! pardon, Lecteur, j'allois faire un vers. . . . Parlons en proſe tout uniment. J'étois à peine éveillé, que mon hôteſſe m'apporta une lettre de mon père, mais d'un père dans toute la force du mot. C'eſt vous en dire aſſez.

Lettre de mon Père à moi.

Je ſuis étonné, Monſieur, que vous vous amuſiez, à Paris, à tourner tout en ridicule. J'ai lu votre détail ſur le Palais-Royal, & je vous regarderois comme un ſot, ſi vous n'étiez mon fils. Vous êtes encore dans le plus profond aveuglement, & je vous trouve bien hardi de vouloir éclairer les autres. Revenez au plus tôt ; autrement sur votre refus j'oublierois que je suis votre père.

Lettre de moi à mon Père.

MON PÈRE,

Je pense comme vous, je suis un sot ; j'ai cru bien faire & j'ai mal fait : « *pardonnez moi comme je pardonne à mes ennemis* ». Je n'ai pas cru me donner de torts, en faisant part de ceux que j'ai remarqués : le seul peut-être que l'on puisse me reprocher ; c'est de n'avoir fait que deux petites parties de cet ouvrage, lorsque j'aurois pu former 5 à 6 volumes de sottises : mon Libraire même s'est fâché, parce qu'il dit que plus il y en a, plus il en vend... Je vous obéis & je pars.

J'ai tenu parole, & suis parti. Soyez tranquille ; je reviendrai.

TABLE DES CHAPITRES

Contenus dans cette seconde Partie.

Fin de la Table.

www.ingramcontent.com/pod-product-compliance
Ingram Content Group UK Ltd.
Pitfield, Milton Keynes, MK11 3LW, UK
UKHW021504230726
13923UKWH00008B/239